초등 선생님이 뽑은
남다른 속담

초등 선생님이 뽑은 남다른 속담

지은이 박수미
그린이 천서연·이수현·황윤미·윤유리
펴낸이 정규도
펴낸곳 (주)다락원

초판 발행 2015년 10월 19일
7쇄 발행 2023년 9월 26일

편집총괄 최운선
책임편집 김지혜
디자인 하태호, 이승현

다락원 경기도 파주시 문발로 211
내용문의: (02)736-2031 내선 272
구입문의: (02)736-2031 내선 250~252
Fax: (02)732-2037
출판등록 1977년 9월 16일 제406-2008-000007호

Copyright ⓒ 2015, 박수미
Copyright ⓒ NAVER AudioClip,All Rights Reserved.

저자 및 출판사의 허락 없이 이 책의 일부 또는 전부를 무단 복제·전재·발췌할 수 없습니다. 구입 후 철회는 회사 내규에 부합하는 경우에 가능하므로 구입문의처에 문의하시기 바랍니다. 분실·파손 등에 따른 소비자 피해에 대해서는 공정거래위원회에서 고시한 소비자 분쟁 해결 기준에 따라 보상 가능합니다. 잘못된 책은 바꿔 드립니다.

ISBN 978-89-277-4635-5 73700

http://www.darakwon.co.kr

다락원 홈페이지를 통해 인터넷 주문을 하시면 자세한 정보와 함께 다양한 혜택을 받으실 수 있습니다

말을 더 맛있게 만드는 속담

속담은 알아도 그만, 몰라도 그만이라고 생각하나요?
시험에 나오는 것도 아니고, 일기나 글을 쓸 때 꼭 필요하지도 않으니까 그렇게 생각할 수 있겠네요.

그런데 말이에요, 속담을 알면 말을 더 맛있게 할 수 있어요.
책상을 옮기고 있는 친구에게 다가가서
"백지장도 맞들면 낫다잖아. 내가 같이 들어 줄게."라고 말하면
맨날 듣는 밋밋한 말보다, 톡톡 튀는 양념이 뿌려진 새로운 맛의 말이 느껴지잖아요?
이렇게 딱 맞는 비유로 내 마음을 전해 주는 재치 있는 속담!
그 속담 안에는 우리 조상들의 삶의 지혜와 교훈까지 담겨 있으니 알아 두면 참 좋겠지요?

사실 예전에는 속담을 자주 사용했기 때문에 굳이 공부하지 않아도 자연스럽게 익혔어요. 하지만 요즘은 속담도 공부해야 한다고 생각하니 머리부터 아프죠. '외양간', '등잔'처럼 지금은 잘 사용하지 않는 단어가 나와서 뜻을 이해하기도 어렵고, 어떤 상황에서 사용해야 하는지 모르니까요.

그래서 이 책을 쓰게 되었어요.
속담 속에 숨은 재미난 이야기를 풀어 자연스럽게 이해하도록 하려고요. 속담이 귀에는 쏙쏙, 입으로는 술술 나오겠지요?
'속담! 꿰어야 보배' 코너에서는 생활 속에서 속담을 어떻게 사용하는지 직접 활용 문장을 들어 설명했어요. '한술 더 뜬 어휘력' 코너에서는 비슷한 속담, 반대되는 속담, 같은 성어, 참고 자료 등을 알려 주어 좀 더 폭넓은 어휘를 만나볼 수 있도록 했지요. 또 친구들이 좋아하는 만화로 이해를 돕기도 하고, 역사 이야기 속에서 속담을 풀어내기도 했답니다.
이 책을 읽고 나면 속담을 들었을 때, '아! 속담은 이런 뜻이지!'하고 저절로 생각나게 될 거예요.

마지막으로 친구들에게 꼭 부탁하고 싶은 말이 있어요.
앞으로 이 책을 읽은 친구들은 속담을 자주자주 사용했으면 좋겠어요.
구슬이 서 말이라도 꿰어야 보배니까요!

2015년, 고생 끝에 낙이 오길 바라며 **박수미**

차례

말과 행동을 조심하라는 속담

가는 말이 고와야 오는 말이 곱다 — 돌쇠가 건넨 고기, 이 서방이 건넨 고기 * 10
낮말은 새가 듣고 밤말은 쥐가 듣는다 — 새가 듣고 쥐가 듣고 * 16
돌다리도 두들겨 보고 건너라 — 무너진 돌다리 * 22
발 없는 말이 천 리 간다 — 세상에서 가장 빠른 말 * 28
윗물이 맑아야 아랫물이 맑다 — 개울물에서 얻은 깨달음 * 34

성공을 이루는 노력에 관한 속담

공든 탑이 무너지랴 — 도깨비를 몰아낸 돌탑 * 42
구슬이 서 말이라도 꿰어야 보배 — 최 진사댁 사윗감 선발 대회 * 48
세 살 적 버릇이 여든까지 간다 — 늙어서도 못 고친 버릇 때문에 * 54
열 번 찍어 아니 넘어가는 나무 없다 — 아름드리나무를 쓰러뜨리는 비결 * 60
쥐구멍에도 볕 들 날 있다 — 언젠가는 좋은 날이 올 거야 * 66

동물을 보고 생각하는 속담

고래 싸움에 새우 등 터진다 — 새우 가족의 수난 시대 * 74
굼벵이도 구르는 재주가 있다 — 굼벵이의 숨겨진 재주 * 80
꿩 먹고 알 먹는다 — 늙은 포수의 지혜 * 86
우물 안 개구리 — 우물 안 세상이 가장 넓다오 * 92
원숭이도 나무에서 떨어진다 — 자신만만했던 원숭이의 실수 * 98
하룻강아지 범 무서운 줄 모른다 — 철없는 누렁이 * 104

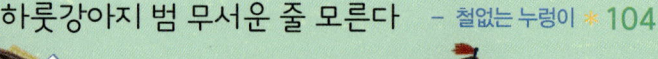

어리석음을 깨닫게 하는 속담

개구리 올챙이 적 생각 못 한다 — 기억력 나쁜 개구리 * 112
남의 손의 떡은 커 보인다 — 요리조리 봐도 내 떡이 작아 보여 * 118
낫 놓고 기역 자도 모른다 — 머슴이 대신한 글공부 * 124
등잔 밑이 어둡다 — 감쪽같이 사라진 바늘 * 130
떡 줄 사람은 꿈도 안 꾸는데 김칫국부터 마신다 — 그저 떡 먹을 생각만 * 136
소 잃고 외양간 고친다 — 진작 고쳐 놓을걸 * 142
쏟아진 물 — 때늦은 후회 * 148

본받고 따라야 할 속담

미운 아이 떡 하나 더 준다 — 맹구 덕분에 먹게 된 떡 * 156
백지장도 맞들면 낫다 — 함께 하면 더 쉬운 일 * 162
우물을 파도 한 우물을 파라 — 두 총각의 우물 파기 시합 * 168
티끌 모아 태산 — 작은 부스러기로 만든 태산 * 174
호랑이에게 물려 가도 정신만 차리면 산다 — 호랑이 형님을 만난 나무꾼 * 180

부록

교과서에 나오는 필수 속담 * 186
이 책에 나오는 속담과 성어 * 190

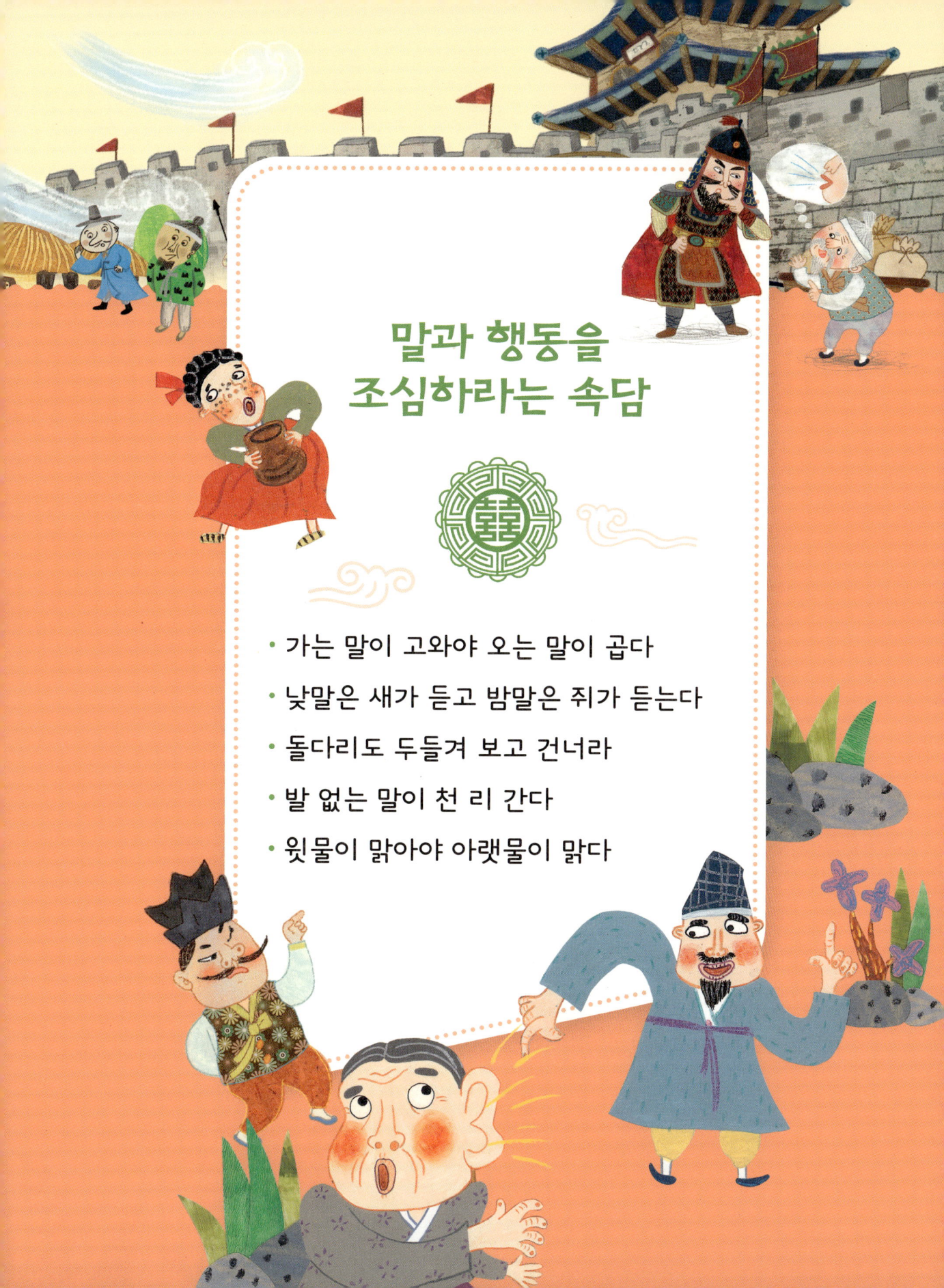

말과 행동을 조심하라는 속담

- 가는 말이 고와야 오는 말이 곱다
- 낮말은 새가 듣고 밤말은 쥐가 듣는다
- 돌다리도 두들겨 보고 건너라
- 발 없는 말이 천 리 간다
- 윗물이 맑아야 아랫물이 맑다

가는 말이 고와야 오는 말이 곱다

돌쇠가 건넨 고기, 이 서방이 건넨 고기

사람들이 바쁘게 오가는 시장에 작은 푸줏간이 있었어요. 푸줏간에는 먹음직한 고기들이 대롱대롱 매달려 있었죠.

푸줏간 주인인 돌쇠는 아침 일찍부터 가게 문을 열고 고기를 손질했어요.

"며칠 후면 설날이니 부지런히 준비해야지."

돌쇠 이마에는 어느새 땀이 송골송골 맺혔어요.

잠시 후, 푸줏간은 고기를 사려는 사람들로 가득했어요. 돌쇠는 고기를 썰고 담느라 정신없이 바빴지요. 그때, 윗마을에 사는 김 부자가 어슬렁어슬렁 가게 안으로 들어왔어요.

"야, 이놈. 돌쇠야!"

욕심 많기로 소문난 김 부자가 쩌렁쩌렁 큰 소리로 돌쇠를 불렀어요.

"이 소고기는 한 근에 얼마냐?"

김 부자가 다짜고짜 반말로 툭 물었어요. 돌쇠는 입을 삐쭉이며 마지못해 대답했죠. 김 부자는 한참 동안 이 고기, 저 고기 뒤적이

며 괜한 트집을 잡았어요.

"고기가 신선하지 않구나!" "이건 너무 비싸!"

돌쇠는 오만상을 찌푸리며 겨우겨우 화를 참았어요.

"저걸로 한 근 썰어라!"

김 부자가 드디어 고기를 주문했어요. 돌쇠는 고기를 종이에 둘둘 말아 던지듯 내밀었어요.

때마침 아랫마을 최 부자도 고기를 사러 왔어요.

"이 서방, 잘 지냈는가?"

최 부자가 들어서자마자 활짝 웃으며 인사를 건넸어요. 김 부자 때문에 잔뜩 찡그리고 있던 돌쇠의 얼굴에도 미소가 번졌어요. 최 부자는 천천히 고기를 골랐어요.

"이 고기가 맛있어 보이는데 얼마인가?"

돌쇠는 최 부자가 물을 때마다 생글생글 웃으며 나긋나긋한 목소리로 대답했어요.

"저걸로 한 근 주면 고맙겠네!"

돌쇠는 냉큼 달려가 최 부자가 고른 고기를 큼지막하게 썰어 주었어요.

그 모습을 가만히 지켜보던 김 부자가 자신의 고기와

최 부자의 고기를 번갈아 쳐다봤어요. 그러더니 갑자기 버럭 화를 내지 뭐예요?

"야, 이놈아! 사람 차별하느냐? 내 한 근은 요만큼인데 최 부자 한 근은 왜 이렇게 큼지막한 거야?"

돌쇠는 뒤도 돌아보지 않고 콧방귀를 뀌며 대답했어요.

"이건 이 서방이 주는 한 근이고, 그건 돌쇠 놈이 준 한 근이라서 그렇소!"

"뭐, 뭐야?"

김 부자는 당황해서 할 말을 잃었어요. 사람들은 그런 김 부자를 보며 손가락질했죠.

"말도 행동도 밉게 하더니 결국 한 방 먹었군."

"그러게 가는 말이 고와야 오는 말이 곱지."

김 부자는 고개도 들지 못하고 도망치듯 푸줏간을 뛰쳐나갔어요.

이후로 김 부자는 "가는 말이 고와야 오는 말이 곱다."라는 말처럼 내가 남에게 잘해야 남도 나에게 잘한다는 것을 깨닫고 함부로 말하지 않았답니다.

가는 말이 고와야 오는 말이 곱다

내가 남에게 잘해야 남도 나에게 잘한다는 뜻

나는 친구에게 말과 행동을 밉게 하면서 친구는 나에게 잘 대해 주기를 바랄 수는 없겠죠? 내가 먼저 예의를 지키며 고운 말을 사용해야 상대방도 나에게 친절을 베푼답니다.

- 누구에게든 함부로 말하면 안 돼. **가는 말이 고와야 오는 말이 고운** 법이야.
- **가는 말이 고와야 오는 말이 곱다**고 했어. 네가 동생한테 잘 대해 주면 동생도 너한테 안 까불 거야.
- **가는 말이 고와야 오는 말이 곱다**잖아. 네가 먼저 친구를 이해하고 도와주면 친구도 너를 좋아하게 될 거야.

비 **가는 정이 있어야 오는 정이 있다**
내가 먼저 정을 베풀어야 다른 사람도 나에게 정을 베푼다는 뜻이에요. 친구가 준비물이 없을 때 선뜻 빌려주었더니 친구도 내가 준비물이 없을 때 도와주는 것처럼 말이에요. "가는 떡이 커야 오는 떡이 크다."라는 속담도 같은 뜻으로 쓰인답니다.

엑 하면 떽 한다
"엑, 이 녀석!", "떽, 거짓말하면 혼나요!" 이런 말 들어본 적 있나요? '엑'과 '떽'은 마음에 들지 않거나 어린 사람을 혼낼 때 사용하는 말이에요. 그러니까 내가 다른 사람에게 잘못하면 결국 다시 돌아온다는 뜻이죠.

낮말은 새가 듣고 밤말은 쥐가 듣는다

새가 듣고 쥐가 듣고

"훠이, 훠이!"

콩밭을 매던 사람들이 여기저기서 몰려드는 새들을 쫓아냈어요. 흉년이 들어 먹을 것도 없는데 남은 곡식마저 새들이 다 쪼아 먹으니까요.

쫓겨난 새들은 포르르 날아올라 콩밭 끝에 혼자 앉아 있는 할머니에게 몰려들었어요.

"얘들아, 배고프지? 이거라도 함께 나눠 먹자꾸나!"

할머니는 주머니에서 콩 한 줌을 꺼내 뿌려 놓고 흐뭇한 미소를 지었어요. 새들은 할머니 주위를 날아다니며 짹짹 즐겁게 노래했지요. 그 모습을 지켜보던 마을 사람들은 잔뜩 인상을 찌푸렸어요.

"자기 먹을 것도 없으면서 새들에게 곡식을 주다니!"

"그러게 말일세. 아무래도 제정신이 아닌 것 같아."

사람들은 할머니를 보며 소곤소곤 귓속말로 속삭였어요.

잠시 후, 새들에게 먹이를 다 나눠 준 할머니가 지팡이를 짚고 사람들에게 다가왔어요.

"이보게, 난 미친 게 아니라네. 동물도 사람처럼 소중한 생명이라 먹을 것을 나눠 줬을 뿐이야."

할머니의 말에 사람들은 깜짝 놀랐어요. 분명히 할머니에게는 들리지 않게 작은 소리로 말했으니까요.

"참! 낮말은 새가 듣고 있으니 앞으로는 말조심하게나."

할머니가 점잖게 말하고 지나가자 마을 사람들은 민망한 듯 먼 산만 바라봤어요.

며칠 후, 어둑어둑한 밤중에 하루 일을 마친 젊은이들이 주막에 모여 앉아 이야기를 나누고 있었어요.

"그 이상한 할머니는 새들이 하는 말도 알아듣는대."

"에이, 그럴 리가! 사람이 어떻게 동물 말을 알아듣나? 그저 노망 난 것이겠지. 아니면 귀신이나 구미호가 아닐까?"

젊은이들이 술에 취해 수군수군 떠들자 주모가 조심스레 다가와 말했어요.

"그만하게. 그러다 할머니가 들으면 어쩌려고!"

"여긴 우리뿐인데 어떻게 들어요? 혹시 이번에는 쥐가 말해 주려나? 하하!"

노총각이 콧방귀를 뀌며 너털웃음을 터뜨렸어요. 덕분에 모두 와하하 웃었지요.

다음 날, 주막에 모였던 젊은이들이 밭일을 나가다가 할머니와 마주쳤어요.

"자네는 내가 귀신으로 보이나?"

할머니의 말에 젊은이들은 화들짝 놀라 입이 떡 벌어졌어요.

"그렇게 놀랄 것 없네. 자네 말처럼 쥐가 이야기해 주더군. 젊은이들, 다른 사람이 없다고 그렇게 함부로 말하면 안 되는 걸세."

할머니가 조용히 나무랐어요. 사실 할머니는 배고픈 쥐에게 먹이를 주려다 젊은이들이 이야기하는 곳까지 가게 되었던 것이에요.

그 일이 있고부터 마을 사람들은 더는 할머니에 대해 이러쿵저러쿵 말을 만들어 내지 않았어요. 또 낮말은 새가 듣고 밤말은 쥐가 듣는다고 생각하며 항상 말조심하는 것도 잊지 않았답니다.

낮말은 새가 듣고 밤말은 쥐가 듣는다

'낮말'은 낮에 하는 말, '밤말'은 밤에 하는 말을 말해요.

말은 언제나 새어 나가게 마련이니 늘 말조심하라는 뜻

아무도 모를 거라 생각했는데 친구들이 다 알고 있어서 깜짝 놀란 경험이 있을 거예요. 세상에 비밀은 없어요. 그러니 없는 자리에서 다른 사람을 욕하거나 흉보는 말은 하지 않는 것이 좋아요.

- 쉿! 조용히 말해. **낮말은 새가 듣고 밤말은 쥐가 듣는대**.
- 이 세상에 비밀이 어디 있니? **낮말은 새가 듣고 밤말은 쥐가 듣는 법**이야.
- **낮말은 새가 듣고 밤말은 쥐가 듣는다더니!** 우리 둘이 화장실에서 몰래 한 얘기를 선생님이 어떻게 알고 계시지?

비 비슷해요

벽에도 귀가 있다
누군가 비밀 이야기를 하고 있을 때, 문이나 벽에 귀를 대고 엿듣는 모습을 본 적이 있지요? 이처럼 사방이 벽으로 둘러싸여 있더라도 누군가 듣고 있을지도 몰라요. 그러니 항상 말조심! 비슷한 속담으로 "담에도 귀가 달렸다."라는 말도 사용해요.

발 없는 말이 천 리를 간다
1,000리는 약 400km가 돼요. 서울에서 부산까지의 거리 정도 되지요. 이 속담은 우리 입에서 나오는 말이 그만큼 빨리, 멀리 퍼진다는 뜻이에요.

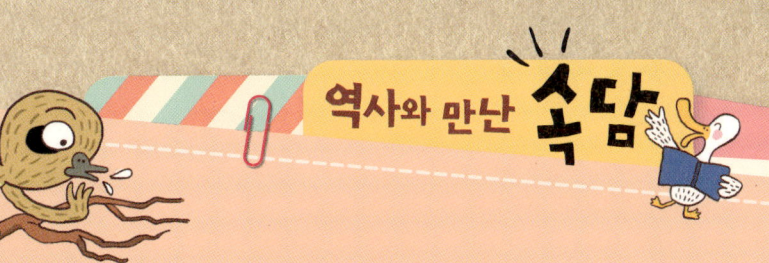

1932년 4월. 일제가 우리나라를 강제로 점령하고 있던 때였어요. 윤봉길과 김구는 함께 힘을 모아 나라를 독립시키려고, 일본군과 싸울 계획을 세우고 있었지요.
둘은 아무도 없는 방 안에 마주 앉았어요.
"일본 천황의 생일을 맞아 일본군이 중국 훙커우 공원에서 기념행사를 한다고 하네. 이때야말로 일본군을 싹 쓸어버릴 기회야."
김구가 먼저 조용하지만, 힘 있는 목소리로 말했어요. 그리고 잠시 주변을 두리번거리더니 도시락과 물통을 내놓았어요.
윤봉길이 의아한 눈으로 바라보자 김구가 말했어요.
"이것은 그냥 도시락과 물통이 아니네. 일본군에게 던질 폭탄이지!"
"폭탄이라고요?"
윤봉길의 눈이 휘둥그레졌어요.
"쉿! **낮말은 새가 듣고 밤말은 쥐가 듣는다**고 했네. 다른 사람들이 이 사실을 알면 우리가 준비한 것들은 모두 헛일이 되는 거야! 항상 조심, 또 조심하게."
김구가 머리를 맞대며 속닥였어요. 윤봉길도 주변을 살피며 경계했지요.
"그렇다면 이 도시락과 물통 폭탄을 들고 가서 일본군에게 던지면 되겠군요."
윤봉길은 이제야 알겠다는 듯 소중하게 폭탄을 챙겨 들었어요.
며칠 후, 윤봉길은 훙커우 공원으로 향했어요. 그리고 일본군이 모인 자리에 폭탄을 던졌어요. 폭탄이 터지고 일본군이 쓰러지자 윤봉길은 용감하게 '대한 독립 만세'를 외쳤답니다.

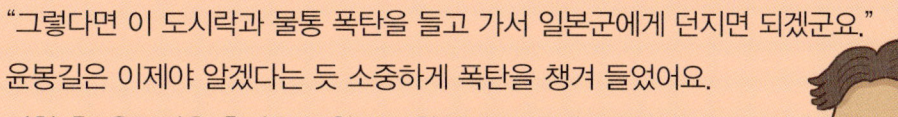

돌다리도 두들겨 보고 건너라

무너진 돌다리

"어이, 판돌이! 어제 큰비가 내렸는데 나무다리는 괜찮은가?"

안골 마을 사람들이 마을 앞 개울가에 모여 걱정스레 물었어요. 판돌이는 나무다리를 두들기며 꼼꼼하게 살피고 있었죠.

안골 마을은 사방이 높은 산으로 둘러싸여 있어 이 오래된 나무다리를 건너야만 바깥으로 나갈 수 있었어요. 그러니 나무다리가 물에 떠내려가거나 썩어서 무너지면 큰일이지요.

하지만 사람들은 늘 나무다리를 두들기고 살피는 판돌이 덕분에 안전하게 개울을 건너다닐 수 있었어요.

그러던 어느 날, 마을에 소금 장수가 무거운 소금을 등에 지고 조심조심 나무다리를 건너왔어요.

"어휴, 이런 위험한 나무다리 말고 튼튼한 돌다리가 있으면 얼마나 좋아? 돌다리는 썩지도 않고 흔들리지도 않을 텐데 말이야."

소금 장수의 말에 사람들의 귀가 솔깃했어요.

"그러고 보니 돌다리를 만들면 매번 살피고 고치는 일은 안 해도 되겠구먼."

사람들은 소금 장수 말대로 당장 돌다리를 만들기로 했어요. 그리고 몇 달 만에 뚝딱 돌다리를 만들었지요. 사람들은 튼튼하고 멋진 돌다리를 보며 좋아했어요. 신이 나서 일없이 돌다리를 왔다 갔다 하는 사람도 있을 정도였죠.

그렇게 몇 년이 흘렀어요. 사람들은 더는 다리를 고치지 않아도 되니 특별히 신경 쓰지도 않았어요.

그러던 어느 날, 마을에 큰비가 내렸어요. 사흘 밤낮을 내린 비로 개울이 불어나고 돌다리도 물에 잠겼어요. 하지만 비가 그치자 돌다리는 언제 그랬냐는 듯 말짱하게 다시 나타났어요.

"역시 돌다리야! 나무다리 같았으면 벌써 다 무너졌을 텐데."

사람들은 아무 의심 없이 돌다리를 건너려고 했어요. 그때, 판돌이가 나서며 사람들을 말렸어요.

"먼저 돌다리를 두들기고 살펴봐야 해요."

"아니 돌다리를 왜 두들기나? 돌이 썩기라도 했으려고? 허허!"

사람들이 비아냥거렸지만 신중한 판돌이는 물러서지 않았어요.

"아무리 돌다리가 튼튼해도 사람 일은 모르는 것이니 늘 살피고 조심해야죠."

그러자 성미 급한 노인이 앞으로 나서며 말했어요.

"예끼, 이 사람아! 돌다리를 두들기며 건너는 사람이 어디 있나? 난 급하니 먼저 가겠네."

노인은 판돌이를 나무라더니 황소가 끄는 수레를 앞세우고 무작정 돌다리를 건너기 시작했어요.

그런데 이게 웬일이에요? 홍수 때문에 돌다리에 갈라진 틈이 생겼었나 봐요. 황소가 중간쯤 건널 때 돌다리가 와르르 무너져 버렸지 뭐예요? 황소와 수레는 거친 물살에 휩쓸려 떠내려갔어요. 다행히 뒤따르던 노인은 간신히 되돌아 왔지요. 노인은 땅바닥에 털썩 주저앉으며 판돌이 말을 듣지 않은 것을 후회했어요.

이 일을 본 사람들은 아무리 확실한 일이라도 조심하고 신중해야 한다는 뜻으로 "돌다리도 두들겨 보고 건너라."라는 표현을 사용하기 시작했답니다.

돌다리도 두들겨 보고 건너라

확실한 일이라도 다시 한 번 확인하고 조심하라는 뜻

'잘 아는 일이니까, 쉬운 일이니까 괜찮을 거야.'라고 생각하나요? 큰 사고는 이런 작은 방심에서 시작되는 거예요. 무슨 일이든 깊이 생각하고 신중하게 행동해야 안전하고 실패하지 않는 법이랍니다.

- **돌다리도 두들겨 보고 건너라**고 했어. 그러니까 문제 다 풀었으면 꼭 검산도 해 봐.
- **돌다리도 두들겨 보고 건너라**는 말이 있잖아. 혹시 모르니까 준비물을 다시 한 번 확인해 봐.
- 자나 깨나 불조심! **돌다리도 두들겨 보고 건너라**는 말처럼 꺼진 불도 다시 한 번 확인하는 습관이 필요해.

비 **얕은 내도 깊게 건너라**
'내'는 시내보다는 크지만, 강보다는 작은 개울물을 말해요. 그러니까 얕은 개울물이라고 만만히 보지 말고 깊은 물을 건너듯 언제나 조심하라는 뜻이죠. 비슷한 속담으로 "아는 길도 물어 가라."라는 말도 있어요.

성 **심사숙고**(深思熟考: 深 깊을 심, 思 생각 사, 熟 익을 숙, 考 생각할 고)
어른들이 "다시 한 번 심사숙고해 보렴."이라는 말을 하실 때가 있죠? 심사숙고는 깊이 생각하고 곰곰이 생각하라는 뜻의 성어랍니다. 신중하게 생각하고 행동하라는 뜻이니 "돌다리도 두들겨 보고 건너라."라는 속담과 같은 의미지요.

역사와 만난 속담

신라의 화랑 김유신은 늘 '어떻게 하면 고구려와 백제를 정복하고 삼국 통일을 이룰 수 있을까?' 고민했죠.

그러던 어느 날, 백석이라는 사람이 김유신에게 다가와 말했어요.

"고구려에 들어가 몰래 정탐하면 고구려를 치는 데 도움이 되지 않겠습니까?"

김유신은 백석의 말에 일리가 있다고 생각하여 그날 밤 백석과 함께 길을 떠났죠.

백석은 거침없이 앞서 나갔어요. 캄캄한 밤인데도 말이에요.

"**돌다리도 두들겨 보며 건너라**고 했는데 길도 잘 모른 채 가도 되는 건가?"

뒤따라가던 김유신이 걱정되어 물었지만, 백석은 아는 길이라며 그대로 앞장섰어요.

그렇게 한참을 가던 김유신과 백석은 깊은 산중에서 길을 잃고 헤매는 세 여인을 만났어요. 김유신은 여인들을 안전한 마을까지 데려다주기로 했죠.

험한 산길을 내려온 여인들은 갑자기 신령으로 변하여 김유신에게 당부했어요.

"저희는 신라를 지키는 산신입니다. **돌다리도 두들겨 보며 건너라**고 했는데 공은 어찌하여 백석이라는 사람을 믿고 무작정 고구려로 가려 하십니까? 저자는 고구려의 첩자이니 조심하십시오."

신령들은 이 말을 남기고 눈 깜짝할 새 사라졌어요.

김유신은 가던 길을 멈추고 신라로 되돌아왔어요.

알고 보니 백석은 정말 고구려의 첩자였죠.

김유신은 신라를 지키는 신령 덕분에 위험에서 벗어날 수 있었답니다.

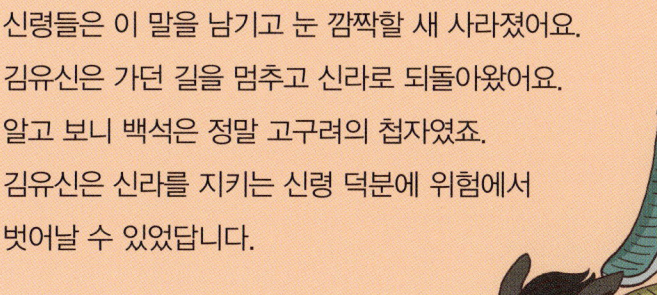

발 없는 말이 천 리 간다

세상에서 가장 빠른 말

"문을 열어 주시오. 장군님을 만나러 왔소!"

찬바람이 쌩쌩 부는 높은 성벽 앞에 웬 노인이 마차를 끌고 나타났어요. 성문을 지키던 병사가 한참을 망설이다 작은 쪽문을 열어 주었지요.

"이곳은 전쟁터입니다. 노인께서는 위험한 이곳에 무슨 일로 오셨습니까?"

장군이 걱정스러운 얼굴을 하고 노인에게 물었어요. 그러자 노인이 마차를 가리키며 말했어요.

"이곳에 먹을 식량이 부족하다는 소문을 듣고 도움이 되고자 왔습니다."

노인의 말을 들은 장군은 몹시 당황했어요. 장군은 당장 부관들을 불러 모아 불호령을 내렸어요.

"성안에 양식이 부족하다는 소문이 어떻게 멀리 있는 백성에게까지 알려졌단 말이냐!"

장군은 불같이 화를 냈어요.

"이 일이 적에게 알려지면 우리에게 불리하다는 것을 모른단 말이냐? 내가 그리도 입단속을 했건만 대체 어찌 된 일이야!"

부관들은 서로 눈치만 봤어요. 군량미가 부족하다는 것은 부관들만 알고 있는 군사 비밀이었으니까요. 도대체 이 일이 어떻게 새어 나가 퍼지게 되었는지 모를 일이었죠. 장군과 부관들은 심각한 얼굴이 되었어요.

"가장 빠른 말을 타고 가서 구원병을 보내 달라고 해야겠습니다."

젊은 부관의 말에 모두 고개를 끄덕였어요. 장군은 서둘러 성안에서 가장 빠른 말을 찾도록 명령했죠. 그때, 노인이 나섰어요.

"장군님, 제가 이 세상에서 가장 빠른 말을 알고 있습니다. 그 말

은 하루에도 천 리를 가지요."

노인의 말에 모두가 움직임을 멈추고 노인을 빤히 바라봤어요.

"그 말은 바로 소문입니다."

부관들은 노인의 말을 듣고 헛웃음을 지었어요. 소문은 타고 다니는 말이 아니라 사람의 입에서 나오는 말이니까요. 하지만 장군만은 진지한 표정으로 무언가 골똘하게 생각했어요.

"그러고 보니 발 없는 말이 가장 빠른 말이군요! 군량미가 떨어졌다는 소문이 순식간에 성 밖까지 퍼진 것처럼 말입니다."

장군은 노인의 말뜻을 알아듣고 무릎을 탁 쳤어요. 그리고 부관들과 열심히 새로운 작전을 짰지요.

다음 날, 군사들이 군량미가 없어 후퇴한다는 소문이 온 사방에 퍼졌어요. 적장의 귀에도 이 소문은 금방 들어갔죠.

적장은 아무 의심 없이 군사들을 이끌고 쳐들어왔어요. 장군은 군사를 이끌고 도망치는 척 후퇴했죠. 그러다 적군이 깊이 들어오자 사방에서 공격하기 시작했어요. 후퇴하는 줄만 알고 마음을 놓았던 적군들은 갑자기 몰려드는 군사에 깜짝 놀라 우왕좌왕하다가 싸움에서 크게 지고 말았어요. 결국, 거짓 소문을 내서 적을 끌어들이는 계획이 맞아떨어진 것이죠.

사람들은 입에서 나오는 말이 달리는 말보다 더 빨리, 더 멀리까지 퍼진다는 것을 알고 "발 없는 말이 천 리 간다."라고 말하기 시작했답니다.

발 없는 말이 천 리 간다

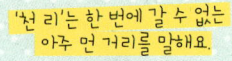
'천 리'는 한 번에 갈 수 없는 아주 먼 거리를 말해요.

말은 금방 쉽게 퍼지니 말조심하라는 뜻

입에서 한 번 내뱉은 말은 달리는 말보다 더 빨리 퍼지죠. 제아무리 비밀이라고 입단속을 해도 점점 더 퍼지는 게 바로 소문이랍니다. 그러니 언제나 말은 신중히 하고 조심하는 것이 좋겠죠?

속담! 꿰어야 보배

- 발 없는 말이 천 리 간다고 했으니 이제 너희 사귄다고 소문나는 건 순식간이야.
- 발 없는 말이 천 리 간다는데 넌 아직도 선생님이 전근 가신다는 얘기를 못 들었단 말이야?
- 발 없는 말이 천 리 간다더니 네가 태권도 대회에서 1등 했다는 얘기가 벌써 학교에 쫙 퍼졌어.

한술 더 뜬 어휘력

비 (비슷해요) **소더러 한 말은 안 나도 처더러 한 말은 난다**
이 속담은 북한 속담이에요. 여기서 '처'는 부인을 말해요. 그러니까 소에게 한 말은 소문이 안 나도 부인에게 한 말은 소문이 난다는 뜻이죠. 그만큼 가까운 사람이라도 말조심해야 한다는 뜻이래요.

성 (같은 성어) **언비천리**(言飛千里: 言 말씀 언, 飛 날 비, 千 일천 천, 里 거리 리)
풀이하면 '말이 날아서 천 리를 간다.', 즉 "발 없는 말이 천 리 간다."라는 속담과 같은 뜻의 성어예요. 비슷한 의미를 가진 성어로 사불급설(駟不及舌)이라는 말도 있어요. 네 마리 말이 끄는 수레도 혀보다 빠르지 못하다는 뜻인데 그만큼 말이 빨리 퍼진다는 것이죠.

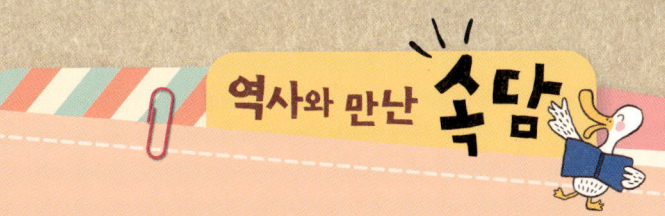

달조차 없는 캄캄한 밤, 18살의 젊은 소녀 유관순이 주변을 살피며 서성였어요. 그때, 어둠 속에서 한 청년이 나타났어요. 청년은 유관순과 반갑게 인사를 나누었어요. 둘은 따라오는 사람이 없다는 것을 확인하고 나서야 재빠르게 길모퉁이 집으로 들어섰어요. 그곳에는 이미 많은 사람이 모여 있었죠.

"한양에서 3·1 만세 운동이 있었다면서? 그 소식을 좀 전해다오."

모여 있던 사람들이 눈을 반짝이며 유관순을 바라봤어요.

"**발 없는 말이 천 리 간다**더니 그 소문이 벌써 이곳 천안까지 퍼졌군요."

유관순이 달뜬 목소리로 말했어요. 유관순은 한양에서 있었던 만세 운동에 대한 이야기를 시작했어요. 수많은 사람이 탑골 공원에 모여 '독립 선언문'을 읽고 대한 독립 만세를 외치던 모습을 떠올리면서 말이에요.

사람들은 시간 가는 줄 모르고 유관순의 이야기에 집중했어요.

"우리도 아우내 장터에 모여 독립 만세 운동을 하려고 해. **발 없는 말이 천 리 간다**고 했으니 이 소문을 듣고 사람들이 구름처럼 모이겠지?"

청년이 가슴에서 태극기를 꺼내 보이며 자랑스럽게 말했어요.

1919년 4월 1일. 청년의 말처럼 아우내 장터에는 수많은 사람이 모였어요. 유관순은 태극기를 들고 앞장서서 사람들을 이끌었죠.

일본 헌병들은 총과 칼을 들고 막아섰어요.

하지만 유관순과 사람들은 물러서지 않고 끝까지 '대한 독립 만세'를 외쳤답니다.

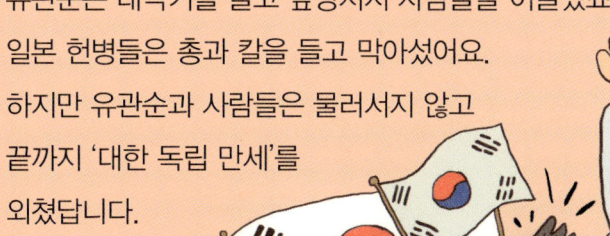

윗물이 맑아야 아랫물이 맑다

개울물에서 얻은 깨달음

윗샘 마을은 오늘도 투닥투닥 다투는 소리로 하루를 시작했어요.

"대체 자네 집 자식은 왜 저러나? 어른을 보면 인사를 해야지!"

"그러는 자네 아이는 왜 맨날 소리를 꽥꽥 지르며 짜증을 내는 거야? 시끄러워서 살 수가 있어야지!"

어른들은 버릇없는 아이들 때문에 늘 큰소리를 내며 싸우곤 했어요. 그럴수록 아이들의 예의 없는 행동도 점점 심해졌지요.

"이대로 두면 안 되겠어요. 하루도 조용할 날이 없잖아요."

젊은 아기 엄마가 볼멘소리를 했어요.

"아이들을 가르칠 선생님을 모시면 어떨까?"

"그러고 보니 우리 마을에는 서당이 없지? 아이들이 배우지 못해서 그런 것이니 훌륭한 선생님을 구해 가르치면 되겠군!"

모처럼 마을 사람들의 마음이 척척 잘 맞았어요. 사람들은 여기저기 수소문해 지혜롭기로 이름난 선생님을 찾아 모셔 왔어요.

그런데 어쩐 일인지 선생님은 마을을 이리저리 둘러보기만 할 뿐 아이들을 가르치지 않는 거예요.

"며칠이 지나도 아이들을 가르칠 생각도 하질 않는군. 대체 누가 저 선생님을 유명하다고 한 거야?"

"그러게. 선생님을 모셔 와도 변한 게 하나도 없지 않나?"

어른들은 또 서로를 탓하며 말다툼을 했어요. 심지어 선생님을 찾아가 따지기까지 했죠.

"대체 아이들은 언제부터 가르치는 겁니까?"

"돈을 받았으면 일을 해야지요?"

선생님은 마을 사람들의 무례한 말투에 얼굴을 찌푸렸어요.

"그러면 지금부터 시작하지요. 모두 저를 따라오십시오."

사람들은 어리둥절한 표정으로 선생님을 따라갔어요.

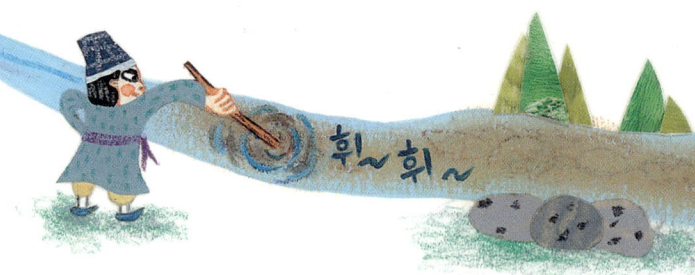

선생님은 개울가에 멈춰 섰어요.

"모두 이곳에서 기다리고 계십시오."

선생님은 사람들을 개울가에 세워 두더니 몇 발자국 올라가서 개울물을 막대기로 막 휘저었어요.

"그렇게 위에서 개울물을 휘저으면 어떻게 합니까? 아랫물까지 더러워지잖아요!"

젊은 청년이 퉁명스럽게 말했어요. 그러자 선생님은 휘젓던 막대기를 멈추고 잠시 기다렸어요.

"이제야 물이 맑아졌네."

쌀쌀맞은 청년의 말에도 선생님은 아랑곳하지 않고 차분한 목소리로 말했지요.

"윗물이 맑아지니 아랫물도 저절로 맑아지지요? 아이들을 키우는 것도 이와 같습니다. 윗사람이 먼저 모범을 보여야 아랫사람도 자연히 따르는 것이지요."

마을 사람들은 그제야 자신의 모습을 되돌아봤어요. 아이들 앞에서 이웃의 흉을 보고, 서로를 탓하며 싸우는 모습만 보였던 자신들이 부끄러웠지요. 청년도 무례했던 자신의 행동을 생각하며 차마 고개를 들지 못했어요.

그 후로 마을 사람들은 "윗물이 맑아야 아랫물도 맑다."라는 말을 가슴 깊이 새기고, 모범을 보이는 어른이 되기 위해 노력했답니다.

윗물이 맑아야 아랫물이 맑다

윗사람이 먼저 바르게 행동해야 아랫사람도 본받아 잘한다는 뜻

이 속담을 보고 '그럼 엄마 아빠가 잘하셔야 나도 잘하는 거네.'라고 생각했나요? 물론 부모님도 잘하셔야 하지만 나도 동생에게는 윗사람이 된답니다. 결국, 다른 사람부터가 아니라 나부터 잘해야 아랫사람도 따라서 잘하는 거예요.

- 윗물이 맑아야 아랫물이 맑다는 말이 있듯이 나부터라도 규칙을 잘 지켜야지.
- 윗물이 맑아야 아랫물도 맑은 법! 형이 컴퓨터 게임을 안 하면 저도 휴대 전화 게임 끊을게요.
- 윗물이 맑아야 아랫물이 맑다는 말이 있어. 네가 고운 말을 쓰면 동생도 따라 고운 말을 쓸 거야.

비 **부모가 착해야 효자 난다**
부모가 착해야 자식도 부모를 따라 착한 사람이 된다는 뜻이에요. 아이는 부모님의 거울이라는 말처럼 자식들은 부모님의 행동을 그대로 본받지요.

성 **상탁하부정**
(上濁下不淨: 上 윗 상, 濁 흐릴 탁, 下 아래 하, 不 아닐 부, 淨 깨끗할 정)
윗물이 흐리고 탁하면 아랫물도 깨끗하지 않다는 뜻이에요. "윗물이 맑아야 아랫물이 맑다."라는 우리 속담과 딱 맞아 떨어지는 성어지요.

성공을 이루는 노력에 관한 속담

- 공든 탑이 무너지랴
- 구슬이 서 말이라도 꿰어야 보배
- 세 살 적 버릇이 여든까지 간다
- 열 번 찍어 아니 넘어가는 나무 없다
- 쥐구멍에도 볕 들 날 있다

공든 탑이 무너지랴

도깨비를 몰아낸 돌탑

"우르릉 쾅쾅!"

용장리 마을에 밤새도록 천둥 번개와 함께 비바람이 몰아쳤어요. 마을 사람들은 무서운 바람 소리에 벌벌 떨면서 밤을 지새웠어요.

"어휴, 이놈의 도깨비가 또 장난을 치는구먼."

날이 갈수록 심해지는 도깨비장난 때문에 사람들은 하나둘 마을을 떠났어요. 이제 남은 사람은 얼마 되지 않았지요. 하루하루 속을 태우던 사람들은 도깨비를 직접 찾아가 담판을 짓기로 했어요.

"도깨비들아, 숨어서 장난만 치지 말고 어서 나와라!"

"누가 감히 우리를 찾는 게야?"

우락부락 무섭게 생긴 도깨비들이 고목 아래에서 불쑥 나타났어요.

"더는 사람들을 괴롭히지 말고 마을에서 썩 떠나거라!"

마을 촌장이 나서서 소리치자 대장 도깨비가 가소롭다는 듯 코웃음을 쳤어요.

"좋아, 그렇게 우리를 내쫓고 싶거든 저 바윗돌 위에 절대로 쓰러지지 않는 높은 탑을 쌓아 보아라. 그럼 우리가 이 마을을 떠나도록 하지!"

대장 도깨비가 뜬금없이 내기 제안을 했어요. 원래 도깨비들은 내기를 좋아하거든요. 대장 도깨비는 딱 보름의 시간을 주겠다고 으름장을 놓더니 온데간데없이 사라졌어요.

"마을을 지키려면 탑을 쌓아야만 합니다. 포기하지 말고 힘을 모

아 봅시다!"

사람들은 마을 촌장의 말에 따라 돌멩이를 옮기고 다듬기 시작했어요.

"이 탑이 무너지면 우리도 마을을 떠나야 할지 몰라."

"맞아! 그러니 도깨비장난에도 무너지지 않도록 튼튼하게 세워야 해."

사람들은 돌탑 사이에 빈틈이 생기지 않도록 몇백 번씩 돌을 갈고 다듬었어요. 손이 까이고 발이 부르터도 쉴 새 없이 일했죠. 아이부터 어른까지 정성에 정성을 더해 탑을 쌓았어요.

드디어 약속한 보름의 시간이 지났어요.

"흥! 모양은 제법 그럴듯하군. 하지만 바윗돌 위에 세운 탑이 얼마나 버티겠어?"

도깨비들은 돌탑을 보자마자 사정없이 도깨비방망이를 휘둘렀어요. 우르릉 쾅쾅 천둥이 치고 비바람이 불고 땅이 흔들렸어요. 사

람들이 서로 부둥켜안고 있어도 휘청거릴 만큼이요.

그런데 이게 웬일이래요? 돌 위에 세워진 탑은 꿈쩍도 않는 거예요.

"도깨비들아! 보았느냐? 이제 약속대로 마을을 떠나거라!"

마을 사람들이 도깨비에게 소리쳤어요. 도깨비들은 거센 비바람에도 떡 하니 버티고 서 있는 탑을 보고 당황하며 울상이 되었지요.

결국, 도깨비들은 마을 사람들의 노력과 정성에 두 손 두 발 다 들고 마을을 떠날 수밖에 없었어요.

용장리 마을 사람들은 얼싸안고 기뻐하며 큰 잔치를 열었어요. 그리고 정성을 다한 결과는 절대 헛되지 않다며 "공든 탑이 무너지랴?"라고 하며 덩실덩실 춤추고 노래를 불렀답니다.

공든 탑이 무너지랴

'무너지랴'라는 말은 '무너질 리 없다'는 말을 강조하기 위해 물어보는 것처럼 표현한 거예요.

정성을 다한 일은 헛되지 않아 반드시 좋은 결과를 얻는다는 뜻

무슨 일이든 적당히 얼렁뚱땅했다가는 일을 망치기 쉬워요. 언제 어디서든 정성을 다하고 최선을 다해야 후회가 없고 좋은 결과도 얻을 수 있다는 것을 명심하세요.

- **공든 탑이 무너지랴**는 말이 있잖아. 그러니까 뭐든지 대충대충 하지 말고 최선을 다해야 해.
- 매일매일 꾸준히 공부했으니까 이번 시험은 당연히 잘 볼 거야. 설마 **공든 탑이 무너지겠어?**
- 아침저녁으로 열심히 연습하더니 결국 육상 대회에서 1등 했구나? 역시 **공든 탑은 무너지지 않는다니까!**

비 비슷해요 **지성이면 감천이다**

'지성'은 지극한 정성을, '감천'은 하늘을 감동하게 하다라는 뜻이에요. 이 속담은 정성이 지극하면 하늘도 감동해 도와준다는 뜻이랍니다.

반 반대예요 **공든 탑도 개미구멍으로 무너진다**

"공든 탑이 무너지랴?"라는 속담은 공든 탑은 절대 무너지지 않는다는 뜻을 가지고 있어요. 그런데 그 공든 탑이 개미구멍으로는 무너진다는 속담도 있다니 참 재미있죠? 이 속담은 조그마한 실수나 방심이 일을 망친다는 의미가 있대요.

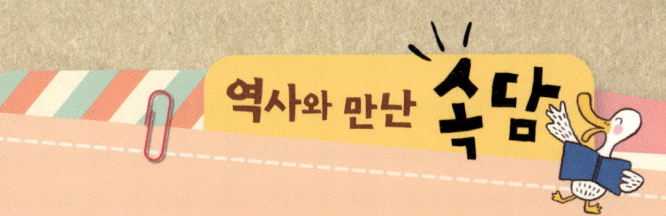

"이곳이 화성을 쌓는 곳이오?"
호위 무사까지 거느린 선비가 아무것도 모르는 척, 뒷짐을 지고 점잖게 물었어요.
"그렇습니다만……."
풀풀 날리는 먼지를 잔뜩 뒤집어쓴 일꾼들이 별일이라는 듯 선비를 훑어봤어요.
"그러면 저 물건이 무거운 돌을 들어 올린다는 요상한 기계인가 보군."
선비가 거중기를 빤히 쳐다보며 말을 이었어요.
"저런 요상한 물건으로 쌓은 성이 튼튼하려나? 금방 무너지는 건 아닐지……."
선비는 혀를 차며 큰 소리로 말했어요. 그러자 돌을 다듬던 석공이 벌떡 일어났어요.
"무너지다니요! 선비님은 **공든 탑이 무너지랴**는 말도 모르십니까?"
석공은 콧김을 씩씩 내뿜으며 조목조목 따지고 들었어요.
"저건 요상한 물건이 아니고 거중기라는 것입니다. 정약용 어르신께서 임금님의 명을 받들기 위해 끊임없이 연구해서 만든 것이란 말입니다. 또 저희도 밤낮없이 성을 쌓고 있는데 무너지다니요! 결코, 그럴 일은 없습니다."

석공이 금방이라도 대들 것처럼 눈을 부라리자 선비를 호위하던 무사가 앞으로 나섰어요. 하지만 선비는 보일 듯 말 듯 미소를 지으며 오히려 무사를 말렸어요.
　사실 이 선비는 화성을 쌓으라고 명령한 정조 임금이었거든요. 공사 현장을 돌아보며 백성의 생각을 알아보기 위해 잠행을 나왔던 것이었죠.
　이렇게 정조 임금의 뜻에 따라 만들어진 수원 화성은 세계적으로 그 가치를 인정받아 지금은 유네스코 세계 문화유산에 등재되었답니다.

볼수록 멋지구나!

구슬이 서 말이라도 꿰어야 보배

최 진사댁 사윗감 선발 대회

　최 진사가 사윗감을 구한다는 소문이 퍼지자 온 동네 총각들이 너도나도 사위가 되겠다며 나섰어요.
　"최 진사 따님 얼굴이 그렇게 예쁘다면서?"
　"마음씨는 더 곱대."
　총각들은 잔뜩 기대에 부풀어 수런수런 떠들어 댔어요. 하지만 최 진사의 말을 듣자마자 한숨을 푹푹 쉬며 되돌아가야 했지요.
　"내일 아침까지 가장 귀한 보석을 가져오는 사람에게 내 딸을 시집보내겠소."
　최 진사의 사윗감 고르는 조건이 알려지자 마을 사람들은 고개를 갸웃했어요.
　"돈 욕심 없기로 소문난 최 진사가 웬일이지? 벼슬에 오르더니 이제 욕심이 생기셨나?"

다음 날 아침, 총각들이 저마다 귀한 보석을 들고 최 진사댁으로 모여들었어요.

"여기 귀한 보석들을 잔뜩 가져왔습니다."

금동이가 세 말이나 되는 옥구슬을 내보이자 사람들의 입이 떡 벌어졌어요. 최 진사도 눈이 휘둥그레질 정도였지요. 그런데 최 진사 딸은 옥구슬을 만지작거리더니 고개를 저었어요.

"값비싼 구슬이긴 하지만 귀한 보석은 아닙니다. 이것으로는 목에 걸지도 못하고 꾸밀 수도 없잖아요."

"그러면 당장 이 구슬들을 꿰어 드리지요."

금동이가 구슬을 한 줌 집어 이리저리 살펴봤지만, 구슬에는 구멍도 없고 연결할 줄도 없었어요.

그렇게 우물쭈물하는 사이, 금동이 손에 들고 있던 구슬들이 와르르 쏟아졌어요. 최 진사댁 마당은 구슬을 주우려는 사람들 때문에 순식간에 난장판이 되었어요. 최 진사 딸도 사람들에게 밀려 이리 치이고 저리 치이다 그만 바닥에 넘어지고 말았지요.

"아가씨, 괜찮으세요?"

때마침 칠복이라는 총각이 최 진사 딸을 일으키며 안전하게 지켜 주었어요. 최 진사 딸은 그런 칠복이가 믿음직해 보였어요.

한참 후, 소란이 진정되자 칠복이가 품 안에 간직하고 있던 진주 목걸이와 귀걸이를 내놓았어요.

"제가 직접 만든 것입니다. 조개 속의 진주를 다듬어 꿰어 놓으면 이렇게 빛나는 보석이 되지요. 하지만 이것도 아직은 가장 귀한 보석이 아닙니다."

칠복이는 진주 목걸이와 귀걸이를 최 진사 딸에게 건넸어요.

"아가씨께서 이 보석을 받아 주신다면 그제야 제게 가장 귀한 보석이 될 것입니다."

최 진사 딸의 얼굴이 밝아지더니 볼이 발그레해졌어요. 최 진사는 그런 딸의 마음을 눈치챘지요.

최 진사는 지혜와 재치가 넘치는 칠복이를 사윗감으로 뽑았어요. 금동이는 세 말이나 되는 구슬을 들고 씩씩대며 돌아갔고요. 사람들은 금동이의 뒷모습을 보며 말했어요.

"좋은 것을 잔뜩 가지고 있기만 하면 뭐하나? 다듬어서 쓸모 있게 만들 줄도 알아야지!"

"맞아! 구슬이 서 말이라도 꿰어야 보배지!"

이렇듯 "구슬이 서 말이라도 꿰어야 보배"라는 속담은 아무리 훌륭한 것이라도 쓸모 있게 다듬고 만들어야 값어치가 생긴다는 것을 말할 때 쓰는 속담이랍니다.

구슬이 서 말이라도 꿰어야 보배

'말'은 옛날에 곡식의 양을 재던 도구인데 양동이와 비슷하게 생겼어요.

아무리 좋은 것이라도 쓸모 있게 만들어 놓아야 값어치가 있다는 뜻

특별하고 좋은 것이 있으면 뭐해요? 필요할 때 사용하지 않으면 소용이 없는걸요. 진짜 값진 능력을 가졌다 하더라도 아무것도 하지 않으면 소용이 없어요. 행동으로 보여 줄 때 더욱 빛난답니다.

- **구슬이 서 말이라도 꿰어야 보배!** 책은 잔뜩 사 놓고 한 권도 읽지 않으면 무슨 소용 있겠어?
- 운동 기구만 많으면 뭘 해? 운동을 해야 살이 빠지지. **구슬이 서 말이라도 꿰어야 보배**라고!
- 피아노를 잘 친다고 들었는데 합창반 반주 좀 해 줄래? **구슬이 서 말이라도 꿰어야 보배**라는 말도 있잖아.

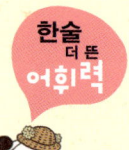

비 부뚜막의 소금도 집어넣어야 짜다
'부뚜막'은 아궁이 위에 가마솥을 걸어 놓던 평평한 곳을 말해요. 부뚜막에 있던 소금을 음식에 넣는 일은 정말 쉽겠죠? 하지만 그 쉬운 일도 하지 않으면 음식에 아무 간이 되지 않아 맛이 없어요. 이렇듯 쉬운 일도 행동으로 옮기지 않으면 아무 소용이 없다는 뜻이랍니다.

가마 속의 콩도 삶아야 먹는다
'가마솥'을 줄여서 '가마'라고도 해요. 가마솥으로 밥도 하고 국도 끓이지요. 그런데 가마솥에 콩을 넣기만 하고 삶지 않는다면 결국 비린내만 진동하고 먹을 수 없게 돼요. 이 속담도 실천의 중요성을 알리는 속담이에요.

세 살 적 버릇이
여든까지 간다

늙어서도 못 고친 버릇 때문에

    최 부자가 마당에서 놀고 있는 어린 아들을 보며 빙그레 미소를 지었어요.

    최 부자 눈에는 늘그막에 얻은 귀한 아들, 귀남이가 하는 모든 행동이 귀엽고 사랑스러웠어요. 마당 구석에 오줌을 싸는 것도, 떨어진 음식을 손으로 날름 집어 먹는 것도 다 예뻐 보이기만 했지요. 심지어 손가락으로 작은 콧구멍을 휘휘 돌리며 코딱지를 떼어 내는 모습도 흐뭇하게 지켜봤어요.

    "저러다 버릇되겠어요."

    "괜찮아요. 세 살밖에 안 되었는데 뭘 벌써 걱정하오? 크면 저절로 고쳐지겠지."

최 부자는 아내의 걱정에도 태평하기만 했어요.

귀남이는 무럭무럭 자라 서당에 다니게 되었어요. 그때까지도 코 파는 버릇은 여전했지요.

그날도 귀남이는 서당 친구들과 함께 책을 읽고 있었어요. 한참 동안 책만 보려니 잠이 솔솔 쏟아지기 시작하는 거예요. 귀남이는 깜빡깜빡 졸면서 자기도 모르게 코를 후비적거렸어요.

"귀남이 이놈! 오늘도 조는구나!"

훈장님이 곰방대로 책상을 탁탁 내리치며 불호령을 내렸어요. 그 순간, 코를 후비던 귀남이의 손가락이 콧속으로 쑥 들어갔어요.

"아야!"

귀남이가 외마디 비명을 질렀어요. 아파서 눈물도 찔끔 나왔지요. 코에서는 코피가 줄줄 쏟아졌고요.

"귀남이는 졸 때도 코를 파는구나? 킥킥."

친구들이 재미있다고 낄낄거렸어요. 훈장님은 귀남이에게 손수건을 건네며 타이르셨어요.

"어려서 몸에 밴 버릇은 죽을 때까지 고치기 힘드니 지금이라도 코 파는 버릇을 고치도록 해라."

귀남이가 코를 틀어막으며 고개를 끄덕였어요. 하지만 세 살부터 시작된 버릇이 쉽게 고쳐질 리 있나요.

세월이 흐르고 흘러 꼬부랑 할아버지가 되어서도 가족들이 안 볼 때면 후딱 코를 파곤 했어요.

귀남이의 팔순 잔치가 열리는 날, 가족과 이웃, 친구들이 생일을 축하하기 위해 한자리에 모였어요. 맛있는 음식이 한 상 가득 차려지고 잔치를 알리는 즐거운 가락이 연주되었지요. 그때였어요.

"어? 할아버지 코에서 피가 나요!"

어린 손자가 귀남이를 가리키며 놀란 토끼 눈이 되어 소리쳤어요. 잔치를 보러 온 사람들이 웅성거리자 큰아들이 빨리 의원을 부르라며 호들갑을 떨었어요. 작은아들도 음악을 멈추게 하고 등에

업히라며 재촉했지요. 하지만 귀남이는 멋쩍은 듯 아무 일 아니라며 손사래를 쳤어요.

깜짝 놀라 달려왔던 친구들이 그 모습을 보고 헛웃음을 지으며 말했어요.

"또 코를 팠나 보군. 어려서 든 버릇은 고치기 힘들다고 하더니 여전한가 보네."

"그러게 말이야. 세 살 적 버릇이 여든까지 가는군!"

귀남이는 귓불까지 빨개졌어요. 그리고 다시는 코를 파지 않겠다고 다짐했죠.

잔치가 끝난 후, 귀남이는 손자들을 앉혀 놓고 "어릴 때의 버릇은 늙어서도 고치기 힘드니 처음부터 나쁜 버릇은 들이지 말아라." 하며 "세 살 적 버릇이 여든까지 간다."라고 훈계했답니다.

세 살 적 버릇이 여든까지 간다

'여든'은 80살을 말하는 거예요.

어릴 때 밴 버릇은 늙어서도 고치기 어려우니 나쁜 버릇을 들이지 않도록 조심하라는 뜻

혹시 손톱을 물어뜯거나, 다리 떠는 버릇을 가지고 있나요? 어릴 적 몸에 밴 버릇은 나이가 들수록 더욱 고치기 힘들죠. 그러니 나쁜 버릇이 들지 않으려면 지금부터 올바른 생활 습관을 가지도록 노력해야 해요.

속담! 꿰어야 보배

- 세 살 적 버릇이 여든까지 간다더니, 음식 먹을 때 쩝쩝거리는 버릇은 여전하구나?
- 지금부터라도 자기 전에 양치하는 습관을 들이는 게 어때? 왜 **세 살 적 버릇이 여든까지 간다**잖아.
- 어머! 손톱이 다 망가졌잖아? 그 손톱 물어뜯는 버릇은 빨리 고치는 게 좋겠다! **세 살 적 버릇이 여든까지 간대**.

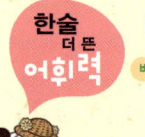

한술 더 뜬 어휘력

비 비슷해요

버릇 굳히기는 쉬워도 버릇 떼기는 힘들다
버릇이 들기는 쉽지만 고치기는 힘들다는 뜻의 북한 속담이랍니다. 나쁜 버릇이든 좋은 버릇이든 습관이 되면 고치기 어렵다는 말이죠.

제 버릇 개 줄까?
자신의 버릇은 개도 줄 수 없다는 말로 나쁜 버릇은 남에게 주지도 못하고 쉽게 고치기도 어렵다는 뜻이랍니다. 남의 물건에 함부로 손대는 친구가 또다시 그런 행동을 했을 때 "제 버릇 개 줄까?"라고 할 수 있지요.

열 번 찍어 아니 넘어가는 나무 없다

아름드리나무를 쓰러뜨리는 비결

  깊은 산골에 나무꾼 아버지와 어린 아들이 살고 있었어요. 아버지는 산에 나무를 하러 갈 때면 언제나 아들을 데리고 다녔지요.
  세월이 흘러 아들은 늠름한 청년이 되었고 나무꾼 아버지는 힘없는 노인이 되었어요.
  "아들아, 아버지는 이제 나무를 나르기도 어렵구나. 네가 아버지 대신에 나무를 베어 와야 할 것 같다."

"나무를 베는 일이야 쉽지요!"

아들은 아무 걱정하지 말라며 자신 있게 말했어요.

다음 날, 아들은 도끼를 들고 산속으로 앞장서 갔어요. 늙은 아버지도 따라나섰죠.

"이 나무가 좋겠구나."

아들은 아버지가 고른 나무를 도끼로 찍기 시작했어요.

"쿵, 쿵, 쿵!"

젊은 아들이 있는 힘껏 도끼를 내리칠 때마다 나무 밑동이 푹푹 파였어요. 그런데 어찌 된 일인지 다섯 번, 여섯 번을 내리쳐도 나무는 꿈쩍도 안 했어요. 고개를 갸웃하던 아들은 나무의 반대편으로 가서 다시 내리치기 시작했어요. 생각보다 어려운 도끼질 때문에 아들의 이마에는 금방 구슬땀이 송골송골 맺혔어요.

"어휴, 힘들어. 처음 하는 도끼질이라서 그런가?"

자신만만하던 아들이 어색하게 웃으며 뒷머리만 긁적였어요.

"처음이니까 좀 더 쉬운 나무로 골라 주세요."

아들은 베던 나무를 포기하고 아버지가 다시 골라 준 나무 앞으로 다가갔어요. 이번에는 단단히 각오하고 두 손으로 도끼를 잡아 힘껏 내리쳤지요. 한 번, 두 번, 세 번.

"이 나무도 안 되겠어요."

젊은 아들이 몇 번이나 이 나무, 저 나무 옮겨 가며 도끼질을 해 댔지만, 나무들은 꿈쩍도 안 했어요. 그러자 아들은 도끼를 내동댕이치며 주저앉았어요.

"저는 나무꾼이 될 수 없을 것 같아요."

아들이 포기하고 물러나자 아버지는 아들이 버려둔 도끼를 들고 나무 앞으로 다가갔어요. 그러더니 나무 밑동을 도끼로 찍어 냈지요. 아버지는 나무가 넘어갈 때까지 끊임없이 밑동을 내리쳤어요.

 그러자 꿈쩍도 않던 나무가 휘청 기울어지더니 '우지끈'하며 넘어갔어요.
 아들은 말을 잇지 못하고 입을 떡 벌린 채 아버지를 바라봤어요.
 "아들아, 열 번 찍어 아니 넘어가는 나무는 없단다. 몇 번 해 보고 안 된다며 쉽게 포기하지 말고 끝까지 노력해야 하는 거야."
 아들은 아버지의 말을 가슴 깊이 새겼어요. 그리고 노력하면 안 되는 일이 없다는 생각으로 다시 도끼를 잡았지요. 마침내 아들은 아버지를 이어 훌륭한 나무꾼이 되었답니다.
 "열 번 찍어 아니 넘어가는 나무 없다."라는 속담은 무슨 일이든 꾸준히 공을 들이면 결국 마음이 변하고 뜻을 이루게 된다는 말이랍니다.

열 번 찍어 아니 넘어가는 나무 없다

여러 번 계속 노력하면 안 되는 일이 없다는 뜻

무슨 일을 하든지 쉽게 포기하지 마세요. 한 번에 안 되면 두 번, 두 번에도 안 되면 세 번, 될 때까지 끈기를 가지고 도전하다 보면 반드시 좋은 결과가 있을 거예요. 그리고 아무리 굳은 마음을 가진 사람도 여러 번 꾀고 달래면 결국 마음이 변할 수 있다는 것도 알아 두세요.

- 태희에게 세 번이나 고백했는데 또 차였다고? 그래도 힘내! 열 번 찍어 아니 넘어가는 나무 없다잖아.
- 엄마한테 보이스카우트 시켜 달라고 계속 말씀드려 봐야지. 열 번 찍어 아니 넘어가는 나무 없다는 말도 있으니까.
- 열 번 찍어 아니 넘어가는 나무 없다는 말처럼 한 번 실패했다고 포기하지 마. 라이트 형제도 여러 번 도전했잖아.

반 (반대예요) **오르지 못할 나무는 쳐다보지도 마라**
능력 밖의 불가능한 일은 처음부터 욕심내지 않는 것이 좋다는 뜻의 속담이에요. "열 번 찍어 아니 넘어가는 나무 없다."라는 속담은 노력하면 안 되는 일이 없다고 했는데, 이 속담은 반대로 노력해도 안 되는 일이 있으니 욕심내지 말라고 하네요.

성 (같은 성어) **십벌지목**(十伐之木: 十 열 십, 伐 벨 벌, 之 어조사 지, 木 나무 목)
한자 그대로 풀이하면 '열 번 찍은 나무'예요. "열 번 찍어 아니 넘어가는 나무 없다."라는 속담과 같은 뜻이랍니다. 이렇듯 우리 속담이 그대로 성어가 된 경우가 종종 있어요.

쥐구멍에도 볕 들 날 있다

언젠가는 좋은 날이 올 거야

"하늘 천, 따 지, 검을 현, 누를 황"

만득이는 마루 구석에 쪼그리고 앉아 글 읽는 소리에 귀를 기울였어요. 어린 도령들이 천자문을 외울 때면 만득이도 땅바닥에 글을 써 가며 함께 외웠죠.

"이 녀석! 머슴 주제에 무슨 글공부냐?"

심술보 허 도령이 만득이의 머리를 콩 쥐어박았어요. 허 도령은 발로 뻥 차는 시늉까지 하며 글공부가 한창인 서당 마루 앞에서 만득이를 쫓아냈어요.

만득이는 서당에서 허드렛일을 맡아 하는 머슴이에요. 가난한 집에서 태어나 글공부는커녕 먹고 살기도 힘들었죠. 훈장님은 그런 만득이를 불러다 서당에서 일할 수 있게 해 주셨어요.

"지금은 힘들지만, 열심히 살다 보면 좋은 날도 온단다."

만득이는 훈장님 말씀을 기억하며 희망을 품었어요.

햇볕이 좋은 어느 날, 언제나 그렇듯 만득이가 서당 마루에 걸터앉아 글공부 귀동냥을 하고 있을 때였어요. 먹을 것을 찾아 헤매던 생쥐 한 마리가 쪼르르 글방 안으로 들어가는 거예요.

"쥐다! 쥐! 만득아! 쥐 잡아라!"

생쥐가 나타나자 서당 안이 발칵 뒤집혔어요. 허 도령은 책상 위로 올라가 벌벌 떨면서 연신 만득이만 불러 댔어요. 만득이는 얼른 빗자루부터 챙겨 들었지요. 생쥐는 만득이가 내리치는 빗자루를 요리조리 잘도 피했어요.

"요놈의 쥐!"

만득이가 빗자루를 휙 집어 던지자 생쥐가 후다닥 달아났어요. 생쥐는 만득이를 놀리기라도 하듯 담벼락 옆 쥐구멍으로 쏙 들어가 버렸지요. 만득이는 숨을 헐떡이며 쥐구멍 앞에 풀썩 주저앉았어요.

"아이고 힘들어. 글공부도 못 하고 이게 뭐야."

만득이가 긴 한숨을 쉬며 푸념하는 사이, 하늘 높이 떠 있던 해가 뉘엿뉘엿 기울기 시작했어요. 햇살이 기우뚱 옆으로 비추면서 어두웠던 구석까지도 환해졌지요.

"어? 캄캄한 쥐구멍에도 볕이 들었네?"

만득이가 고개를 푹 숙이고 쥐구멍을 빤히 들여다봤어요. 환한 볕이 캄캄한 쥐구멍을 비추자 어두웠던 만득이의 얼굴도 밝아졌어요.

"그래, 쥐구멍에도 볕 들 날이 있잖아! 좀 더 참고 기다리다 보면 나에게도 좋은 일이 생길 거야!"

만득이가 엉덩이에 묻은 흙을 훌훌 털어 내며 벌떡 일어섰어요. 그날부터 만득이는 힘든 일도 웃어넘기며 더 성실하게 일하고 열심히 공부했어요.

그리고 얼마 후, 만득이에게 정말 좋은 일이 생겼어요. 관청에서 만득이가 글을 읽을 줄 안다는 소식을 듣고 특별히 책 정리하는 일을 맡기게 된 거예요. 많은 양의 책을 정리해야 했지만, 덕분에 짬짬이 책을 읽을 수 있어 신이 났지요.

"힘들어도 참고 견디다 보면 이렇게 좋은 날이 오는 거야. 어두운 쥐구멍에도 볕 들 날이 있다니까!"

만득이는 힘들 때마다 "쥐구멍에도 볕 들 날 있다."라고 되뇌며, 언젠가는 좋은 날이 올 거라는 기대와 희망을 놓지 않았답니다.

쥐구멍에도 볕 들 날 있다

'볕 들 날'은 햇볕이 들어오는 때를 말해요.

지금 당장은 힘들어도 언젠가는 좋은 날이 있을 것이라는 뜻

캄캄한 쥐구멍에도 쨍하고 햇볕이 들듯이 고생 끝에는 좋은 시절이 찾아온답니다. 그러니 어렵고 힘든 일이 있더라도 꿋꿋하게 견디며 희망을 가져 보세요. 반드시 기회가 올 거예요.

속담! 꿰어야 보배

- 좀 더 노력해 봐. **쥐구멍에도 볕 들 날 있다**는데 언젠가는 성공할 거야.
- 컴퓨터 자격증 시험에 또 떨어졌다고? 그래도 포기하지 마! **쥐구멍에도 볕 들 날 있다**잖아.
- 홍보가 제비가 가져다준 박씨 덕분에 부자가 됐대. **쥐구멍에도 볕 들 날 있다**더니 정말 잘됐지 뭐야!

한술 더 뜬 어휘력

비 (비슷해요) **개똥밭에 이슬 내릴 때가 있다**
'개똥밭'은 개똥이 가득한 볼품없고 버려진 땅으로 어렵고 힘든 상황을 빗대어 표현한 거예요. 반대로 '이슬'은 좋은 것을 의미하죠. 그러니까 이 속담은 어렵고 힘든 상황 속에서도 반드시 좋은 날은 찾아온다는 뜻이 담겨 있어요.

성 (같은 성어) **고진감래**(苦盡甘來 : 쓸 고, 盡 다할 진, 甘 달 감, 來 올 래)
쓴 것이 다하면 단 것이 온다는 뜻의 성어예요. 고된 일을 겪은 뒤에는 반드시 즐겁고 좋은 일이 생긴다는 말이죠. 비슷한 속담으로 "고생 끝에 낙이 온다."라는 말도 있는데 낙(樂)은 즐거움을 뜻하는 한자랍니다.

역사와 만난 속담

"원범아, 원범이 어디 있니?"

친구들이 원범이를 애타게 찾았어요. 원범이는 그것도 모르고 산에서 나무를 하고 있었죠. 친구들은 숲 속을 샅샅이 뒤져 지게를 지고 내려오는 원범이를 만났어요.

"원범아! 큰일 났다. 한양 사람들이 너희 집에 왔어!"

원범이는 가슴이 철렁 내려앉았어요. '나도 이제 사약을 받고 죽나 보다.' 싶었죠.

사실 원범이는 왕족이에요. 원범이의 할아버지는 영조 임금의 아들이죠. 하지만 후궁의 아들이었기 때문에 왕이 되지는 못했어요. 오히려 왕위를 노리고 임금을 배반했다는 이유로 죽임을 당했어요. 원범이 형도 같은 이유로 몇 년 전에 사약을 받고 죽었지요. 다행히 원범이는 목숨만은 건졌어요.

"원범아, 어서 도망가!"

친구들이 진심으로 원범이를 걱정했어요.

"아니야. 내가 도망가면 어머니는 어쩌라고. 이게 내 운명이라면 받아들여야지."

집으로 향하는 원범이의 발걸음은 돌덩이를 매단 것처럼 무거웠어요.

그런데 원범이를 기다리는 것은 사약이 아니라 원범이가 왕이 된다는 놀라운 소식이었어요. 헌종 임금이 아들이 없이 죽었기 때문에 먼 친척인 원범이가 왕위를 이어받게 되었대요.

"세상에! **쥐구멍에도 볕 들 날 있다**더니 원범이가 왕이 될 줄 누가 알았나?"

사람들은 허름한 원범이네 마당에 놓인 화려한 가마를 보며 쑥덕거렸어요. 원범이는 곧 한양으로 올라가 왕이 되었어요.

이분이 바로 조선의 25대 왕인 철종 임금이랍니다.

동물을 보고 생각하는 속담

- 고래 싸움에 새우 등 터진다
- 굼벵이도 구르는 재주가 있다
- 꿩 먹고 알 먹는다
- 우물 안 개구리
- 원숭이도 나무에서 떨어진다
- 하룻강아지 범 무서운 줄 모른다

고래 싸움에 새우 등 터진다

새우 가족의 수난 시대

"고래가 나타났다! 고래가 나타났다!"

잔잔하던 해초 마을이 한순간에 아수라장이 되었어요. 집채보다 큰 고래가 마을에 나타났거든요. 새우들은 얇은 앞다리를 잘잘잘 흔들며 우왕좌왕 도망가기 바빴어요.

"아가야, 이리 와!"

엄마 새우의 다급한 목소리가 들렸어요. 엄마 새우는 긴 집게발을 이용해 아기 새우를 산호 구멍 속으로 쏙 밀어 넣었어요.

고래를 처음 본 아기 새우는 작은 눈이 툭 튀어나올 정도로 놀랐어요. 끝이 보이지 않는 큰 몸집에 바닷물을 다 집어삼킬 듯한 어마어마한 입. 고래가 커다란 꼬리를 위아래로 슬렁슬렁 흔들면 온 바다 세상이 흔들거렸으니까요.

다행히 고래는 해초를 몇 번 뜯어 먹고 쓱 지나갔어요.

"고래가 아기를 낳는 시기인가 보군. 자꾸 미역을 뜯어 먹으러 오는 걸 보니."

할아버지 새우가 걱정스레 말했어요.

며칠 후, 해초 마을에 또 고래가 나타났어요. 이번에는 커다란 고래가 두 마리나 되었지요. 고래는 느릿느릿 다가와 해초를 뜯어 먹기 시작했어요. 새우 가족들은 산호 속에서 고래들이 얼른 돌아가기만을 숨죽이며 기다렸지요.

"쿵!"

갑자기 해초 마을이 어질어질 흔들렸어요. 해초를 먹던 고래가 서로 부딪힌 거예요. 큰 고래 두 마리는 서로 더 싱싱하고 맛있는 미역을 먹으려고 싸우기 시작했어요. 잔잔했던 바닷속에 물결이 요

동치며 난리가 났어요. 해초 마을 주변에서 놀던 작은 물고기들도 깜짝 놀라 후다닥 달아났어요.

  가만히 지켜보던 새우 가족도 고래들의 싸움이 심해지자 서둘러 도망치기 시작했어요. 작은 다리를 부지런히 움직이며 앞으로 앞으로 나아갔지요.

  하지만 커다란 고래가 몸을 뒤틀며 지느러미를 휘젓자 새우 가족은 거친 물살에 휩쓸리고 말았어요. 새우 가족은 순식간에 사방으로 뿔뿔이 흩어지게 됐어요.

  "아가야! 아가야!"

  엄마 새우가 아기 새우의 집게발을 잡으려고 안간힘을 썼지만, 물살을 거스르기 힘들었어요. 아기 새우는 집게를 허우적거리며 떠밀려 가다 그만 바위에 부딪혀 등을 다치고 말았어요.

잠시 후, 싸우던 고래가 멀리 사라지자 여기저기서 에구구 신음하는 소리가 들렸어요.

"어휴, 고래 싸움 때문에 애꿎은 새우들만 다쳤네."

"여기저기 부딪혀 등이 터진 새우도 있던걸?"

물고기들이 새우들을 불쌍한 눈으로 쳐다보며 한숨지었어요.

"고래 싸움에 새우 등 터진다."라는 속담은 고래만큼 강한 사람들이 서로 싸우는 바람에 아무 상관도 없는 약한 사람이 해를 입을 때 사용한답니다.

고래 싸움에 새우 등 터진다

강한 사람끼리 싸우는 통에 약한 사람이 해를 입게 된다는 뜻

고래처럼 힘센 사람끼리 싸우는 통에 공연히 상관없는 사람이 피해를 볼 때 사용하는 속담이지요. 무심결에 한 내 행동으로 다른 사람이 곤란을 겪을 수 있으니 항상 조심하며 행동하는 게 좋겠지요?

- 수업 시간에 쪽지를 전해 주다가 선생님께 나만 혼났지 뭐야. **고래 싸움에 새우 등 터진** 경우지.
- **고래 싸움에 새우 등 터진다**고, 선배들이 휴대 전화로 게임하다 걸려서 우리까지 휴대 전화 사용 금지래.
- 엄마랑 아빠랑 싸우는 바람에 여행은 가지도 못 하고. 이게 바로 **고래 싸움에 새우 등 터지는** 거지 뭐야.

반 **새우 싸움에 고래 등 터진다**
아랫사람이 저지른 일로 윗사람이 해를 입게 된다는 뜻이에요. "고래 싸움에 새우 등 터진다."라는 속담과는 반대의 뜻을 가졌지만 싸움과 관계없는 다른 사람이 피해를 본다는 의미는 같다고 할 수 있어요.

성 **어부지리**(漁父之利: 漁 고기 잡을 어, 父 아버지 부, 之 어조사 지, 利 이로울 리)
어부지리는 "고래 싸움에 새우 등 터진다."라는 속담과 반대로 싸움과 관계없는 다른 사람이 이익을 얻게 된다는 뜻이에요. 조개와 도요새가 싸우느라 서로 도망가지 못하자, 지나가던 어부가 우연히 둘 다 잡는 횡재를 얻게 되었다는 이야기에서 유래한 성어죠.

역사와 만난 속담

늦은 밤, 창덕궁 선정전 안에서 광해군과 강홍립 장군 단둘이 조용히 마주 앉았어요.
"내일이면 멀리 전쟁터로 나가야 할 사람을 이 시간에 은밀히 불러 미안하오."
광해군이 차분한 목소리로 말했어요. 그리고는 머뭇머뭇 말을 이었죠.
"장군, **고래 싸움에 새우 등 터진다**는 말을 들어 봤소?"
광해군의 뜬금없는 질문에 강 장군은 눈만 말똥거렸어요.
"지금 조선이 그렇소. 중국의 크고 힘센 두 나라, 명나라와 청나라 사이에 끼어 자칫하면 우리가 위험해질 수 있으니 말이오."
강 장군은 말없이 고개를 끄덕였어요.
"명나라가 임진왜란 때 우리를 도운 것은 인정하나 내가 보기에 명나라는 이미 지는 해와 같소. 이제 곧 청나라의 시대가 올 것이오. 그러니 명나라와 손을 잡았다가 청나라에 밉보이면 조선도 무사하지 못할 것이오. 그래서 부탁인데……."
잠시 생각에 빠졌던 광해군이 결심한 듯 강홍립을 바라보며 힘주어 말했어요.
"전쟁터에 나가거든 명나라를 도와주는 척하다가 청나라에 곧 항복하시오."
강 장군의 눈이 휘둥그레졌어요. 전쟁터로 나가는 장군에게 전쟁에 나가자마자 항복을 하라니요. 하지만 이내 강 장군은 광해군의 뜻을 알 것 같았어요.
"전하, 소신 전하의 명을 받들겠사옵니다."
결국, 강홍립 장군은 광해군이 몰래 전한 명령을 충실하게 따랐어요. 덕분에 조선은 명나라와 청나라와의 전쟁에 휘말리지 않았죠. 이렇듯 광해군은 조선의 이익을 위해 중립 외교를 펼쳤답니다.

굼벵이도 구르는 재주가 있다

굼벵이의 숨겨진 재주

하얀 꽃이 활짝 피기 시작한 감자밭, 두두룩하게 쌓아 놓은 흙더미 위로 굼벵이가 얼굴을 쏙 내밀었어요.

"넌 누구니?"

감자잎에서 쉬고 있던 메뚜기가 고개만 삐죽 내민 굼벵이를 내려다보며 물었어요.

"안녕? 난 굼벵이라고 해."

굼벵이는 두꺼운 목을 쭉 늘이고 메뚜기를 바라봤어요. 캄캄한 땅속에서 지렁이나 땅강아지는 가끔 만났지만, 메뚜기처럼 생긴 친구는 태어나서 처음 봤거든요.

"난 메뚜기라고 해."

메뚜기가 감자잎에서 폴짝 뛰어내려 굼벵이 앞으로 성큼성큼 다가왔어요. 그러자 굼벵이의 먼지만큼 작은 눈이 깨알만큼 커졌죠.

"와! 너는 정말 빨리 움직이는구나!"

"이 정도로 뭘. 나는 날 수도 있는 걸?"

메뚜기는 가지런히 접어 두었던 날개를 펴고 화르르 날아올랐어요. 굼벵이가 아무리 목을 빼고 바라봐도 보이지 않을 만큼이요.

"나는 튼튼한 뒷다리로 높이 뛰는 재주도 있어."

메뚜기가 팔짝 높이 뛰어 눈 깜짝할 새 흙더미 위에 올라섰어요.

"그런데 굼벵이! 넌 뭘 잘하니?"

메뚜기의 물음에 굼벵이는 우물쭈물 대답을 못 했어요. 오히려 짧은 다리가 부끄러워 몽실몽실한 몸속으로 얼른 숨겼지요. 메뚜기는 그런 굼벵이를 위아래로 훑어보며 업신여기듯 말했어요.

"다리도 짧고 날개도 없고, 몸은 미련하게 두루뭉술한 게……. 특별한 재주도 없어 보이는구나. 쯧쯧!"

그때 갑자기 검은 그림자가 휙 지나갔어요.

"앗, 제비다!"

깜짝 놀란 메뚜기가 흙더미에서 먼저 펄쩍 뛰어내렸어요. 하지만 허둥지둥하는 바람에 비탈진 흙에 다리가 미끄러지면서 고랑으로 곤두박질쳤죠. 메뚜기는 간신히 정신을 차렸고 다리를 절뚝절뚝 대며 감자잎 아래에 숨었어요.

굼벵이도 제비를 피해 몸을 동그랗게 말고 데구루루 굴러 내렸어요. 어찌나 잘 구르는지 금방 흙더미 아래로 내려와 풀 속으로 쏙 들어갔어요.

"많이 다쳤니?"

제비가 지나가고 나자 굼벵이가 메뚜기를 걱정하며 물었어요. 메뚜기는 대답 대신 쭈뼛쭈뼛 일어나며 작은 목소리로 말했어요.

"아까 재주가 없다고 무시했던 거 미안해. 굼벵이도 구르는 재주가 있구나!"

"굼벵이도 구르는 재주가 있다."라는 말은 아무리 능력이 없는 사람이라도 한 가지 재주는 있음을 비유적으로 이르는 속담이랍니다.

굼벵이도 구르는 재주가 있다

'굼벵이'는 몸통이 짧고 통통한 벌레예요. 행동이 굼뜬 사람을 비유적으로 이르기도 하지요.

아무리 능력이 없는 사람이라도 한 가지 재주는 있다는 뜻

공부를 못한다고, 운동을 못한다고 친구를 얕보지 마세요. 아무리 능력이 없는 사람이라도 저마다 특별한 재주 한 가지씩은 가지고 있어요. 사람마다 잘할 수 있는 것이 다 다를 뿐이랍니다.

속담! 꿰어야 보배

- 이거 정말 네가 만든 거야? **굼벵이도 구르는 재주가 있다**더니 이런 손재주가 있었네?
- **굼벵이도 구르는 재주가 있네?** 공부는 꼴찌만 하던 녀석이 축구를 그렇게 잘할 줄 누가 알았냐!
- 뭐? 서준이가 우리 반 인기짱 다해랑 사귄다고? **굼벵이도 구르는 재주가 있다**더니 서준이 그 녀석 대단한데?

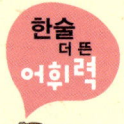

한술 더 뜬 어휘력 비슷해요

비 타고난 재주 사람마다 하나씩은 있다
말 그대로 사람은 누구나 한 가지씩의 재주가 있어서 그것으로 먹고 살아가기 마련이라는 뜻이랍니다. 느릿느릿 아무것도 못할 것 같은 굼벵이에게도 구르는 재주가 있는 것처럼 말이죠.

우렁이도 두렁 넘을 꾀가 있다
논두렁이라는 말 들어 봤지요? '두렁'은 논이나 밭 가장자리에 흙을 두두룩하게 쌓아 놓은 곳을 말해요. 느릿느릿한 우렁이도 높은 두렁을 넘을 수 있다는 말로, 미련하고 못난 사람도 제 요량은 있어 한 가지 재주는 가지고 있다는 뜻이랍니다.

역사와 만난 속담

영실은 어려서부터 무엇이든 만들고 고치는 것을 좋아했어요. 못쓰게 된 물건을 고치느라 하루가 가는 줄도 모를 정도였죠.

영실이 열 살이 되던 해, 영실은 관가에 나가 허드렛일을 하게 되었어요.

"영실아, 오늘은 창고 청소 좀 하여라."

영실은 이방의 명령에 따라 관가의 창고를 정리하게 되었어요.

창고에 들어가 본 영실은 깜짝 놀랐어요. 창고 안에는 수많은 창과 칼이 녹이 슨 채 뒹굴고 있었어요.

"도대체 쓸 만한 무기가 하나도 없잖아? 이래서야 왜구가 쳐들어와도 싸울 수가 없겠군!"

영실은 누가 시킨 일이 아닌데도 밤낮없이 최선을 다해 고치기 시작했어요.

얼마 후, 창고를 지나던 사또가 영실이 고쳐 놓은 무기와 농기구들을 보게 되었어요.

"이것을 전부 네가 혼자 고쳐 놓았단 말이냐?"

사또의 눈이 휘둥그레졌어요.

"**굼벵이도 구르는 재주가 있다**더니 잔심부름이나 하는 어린 노비인 줄 알았는데 재주가 참 좋구나!"

사또는 영실의 재주를 알아보고 크게 칭찬했어요.

훗날 영실은 남다른 손재주와 뛰어난 과학적 재능을 인정받아 노비의 신분을 벗고 궁궐에서 일하게 되었어요. 이 사람이 바로 자격루, 측우기 등 수많은 과학 기구를 발명한 조선 최고의 과학자 장영실이랍니다.

꿩 먹고 알 먹는다

늙은 포수의 지혜

　같은 마을에 사는 김 포수와 황 포수가 나란히 사냥을 떠나게 되었어요. 젊은 황 포수는 무거운 총을 어깨에 메고 성큼성큼 앞장서 걸었어요. 늙은 김 포수는 그 뒤를 느긋하게 뒤따랐지요.

　둘이 야트막한 언덕을 오를 때였어요. 바스락 소리가 나더니 암꿩 한 마리가 푸드덕 날아올랐어요.

　"탕! 탕!"

　젊은 황 포수가 먼저 재빠르게 총을 쏘았어요. 그러자 날아오르던 꿩이 힘없이 툭 떨어졌죠. 황 포수는 수풀 속에서 축 늘어진 암꿩을 찾아 자랑스럽게 흔들어 보였어요.

　"자네 총 쏘는 솜씨는 날이 갈수록 좋아지는군. 그런데 조금만 더 기다리지 그랬나."

　"네? 그때 쏘지 않았다면 이 꿩도 놓쳤을 걸요?"

　젊은 황 포수는 김 포수의 말에 고개를 가웃했어요.

　잠시 후, 가까이서 또 꿩 울음소리가 들렸어요.

　"꾸오, 꾸오."

　늙은 김 포수가 황 포수에게 조용히 하라는 손짓을 했어요.

황 포수는 가만히 숨죽이고 그대로 멈춰 섰지요. 둘은 우거진 수풀 뒤에 숨어 있는 암꿩을 찾았어요. 이번에도 젊은 황 포수가 먼저 자신만만하게 총을 겨눴어요.

"기다리게!"

김 포수가 급하게 황 포수의 총구를 아래로 내리며 손가락으로 입을 막았어요. 그러더니 암꿩인 까투리를 따라 조금씩 조금씩 자리를 옮겼어요.

"제가 쏘겠습니다! 이 정도 거리면 놓치지 않을 자신 있다고요."

젊은 황 포수가 조급해하며 속닥거렸어요. 하지만 김 포수는 차분한 얼굴로 황 포수를 말렸어요.

까투리는 불안하게 사방을 두리번거리더니 수풀 속으로 쏙 들어가 앉았어요.

"저기가 꿩 둥지군."

김 포수가 혼잣말을 하더니 어깨에 메고 있던 총을 겨누고 살금살금 다가갔어요. 꿩은 어쩐 일인지 김 포수가 다가가도 엉덩이만 들썩들썩할 뿐 도망가지 않았어요.

"탕!"

김 포수가 단번에 꿩을 맞혔어요. 그리고는 꿩이 앉아 있던 수풀 속 둥지에서 알을 꺼내 황 포수에게 내보이며 말했죠.

"꿩이 알을 품을 때는 둥지에서 멀리 도망가지 않는다네. 그러니 조금만 기다렸다가 둥지를 찾아낸 후 잡으면 꿩도 먹고 알도 먹고! 사냥 한 번으로 두 가지를 얻을 수 있지."

"아하!"

황 포수는 그제야 김 포수의 지혜에 감탄하며 무릎을 탁 쳤어요.

"꿩 먹고 알 먹는다."라는 속담은 한 가지 일을 하여 두 가지 이상의 이익을 얻게 된다는 뜻이랍니다.

꿩 먹고 알 먹는다

꿩은 알락달락한 검은 점이 많고 꼬리가 긴 새예요. 수컷은 장끼, 암컷은 까투리라 하지요.

한 가지 일로 두 가지 이익을 본다는 뜻

한 가지 일을 하여 두 가지 이상의 이익을 얻고 싶다면 곰곰이 한 번 더 생각하고 행동하는 습관을 들여 보세요. 당장 눈앞의 이익만 생각하고 서두르다 보면 큰 이득을 놓칠 수 있으니까요.

속담! 꿰어야 보배

- 수영을 하면 운동도 되고 살도 빠지니 **꿩 먹고 알 먹는 거야**.
- 게임기를 사면 게임 CD도 주고 무료 아이템도 준대. 이거야말로 **꿩 먹고 알 먹고** 아니니?
- 오랜만에 방 청소를 하면서 책상 밑을 쓸었더니 오백 원이 나오네? 이게 바로 **꿩 먹고 알 먹고지**.

한 술 더 뜬 어휘력

비 비슷해요

도랑 치고 가재 잡는다
'도랑'은 매우 좁고 작은 개울을 뜻해요. '도랑을 친다'는 말은 도랑을 만들려고 돌을 옮긴다는 뜻인데 이때 종종 돌 밑에 숨어 있던 가재를 잡을 수 있었어요. 즉, 도랑도 치면서 가재도 잡으니 한 가지 일로 두 가지 이상의 이득을 얻게 되는 셈이랍니다.

성 같은 성어

일거양득(一擧兩得: 一 한 일, 擧 들 거, 兩 둘 량, 得 얻을 득)
한 번 들어서 두 가지를 얻는다는 뜻이니까 "꿩 먹고 알 먹는다."라는 속담과 딱 들어맞는 성어예요. 비슷한 의미를 가진 일석이조(一石二鳥)라는 성어도 있어요. 하나의 돌로 두 마리 새를 잡는다는 뜻이지요.

우물 안 개구리

우물 안 세상이 가장 넓다오

"철써덕, 철썩."

파도가 거품을 일으키며 오르르 몰려오더니 모래밭 위에 자라 한 마리를 남겨 두고 물러났어요. 자라는 긴 목을 빼고 느릿느릿 바다를 빠져나왔지요.

자라는 급할 게 없었어요. 그저 슬렁슬렁 경치를 둘러보다 좋은 친구나 사귀고 돌아가야지 싶었거든요. 자라는 모래밭을 지나 바닷가 마을에 있는 오래된 우물가에서 쉬어 가기로 했어요.

"개굴개굴, 개굴개굴."

"거기 누구 있소? 나는 자라라고 하오."

"개굴개굴, 나는 개구리요."

잔잔하던 우물물이 일렁이더니 개구리가 고개를 쑥 내밀었어요. 개구리는 자라와 인사를 나누었어요. 그리고 개굴개굴 노래 솜씨를 뽐냈죠.

"어이구, 노래를 부르는 동안 벌써 달이 졌네."

개구리가 아쉬워하며 노래를 멈췄어요.

"달이 지다니요? 아직 달은 저기 저렇게 떠 있는데?"

자라가 서쪽 하늘에 기울어져 있는 달을 가리키며 말했어요.

"무슨 소리요? 달은 이미 졌구먼."

개구리는 끝까지 고집을 부렸어요.

"아하! 좁은 우물 안에 있으니 달이 보이지 않는군요. 이리 나와 보시오. 그러면 달이 보인다오."

자라가 친절하게 설명했어요. 하지만 개구리는 오히려 벌컥 화를 냈어요.

"좁은 우물 안이라니! 이곳만큼 넓은 세상이 어디 있다고?"

개구리가 우물 안 부서진 돌 틈 위로 폴짝 뛰어올랐어요. 그리고 자랑스럽게 고개를 치켜들었어요.

"여기에는 땅도 있고 물도 있고 하늘도 있소. 세상이 전부 이곳에 들어 있는데 굳이 밖으로 나갈 필요가 무엇이란 말이오? 그런 데다가 나는 이렇게 물속과 물 밖을 자유롭게 오가며 언제든 보고 싶은 것을 다 볼 수 있소. 아까도 달을 실컷 봤는데 뭘 또 보라는지……. 이래 봬도 난 물 밑에 숨어 사는 장구벌레보다 훨씬 더 넓은 세상을 보는 개구리란 말이오."

개구리가 가슴을 쭉 내밀고 개굴개굴했어요.

"하지만 우물 밖 세상은 우물 안 세상보다 훨씬 넓다오. 내가 사는 바다만 해도 이 우물의 만 배도 넘는 아주 넓은 곳이지. 거기에는……."

자라는 개구리에게 바다에 대해 말해 주었어요. 하지만 개구리는 황당한 거짓말이라며 믿지 않았죠.

"허! 자네는 내가 사는 이곳이 부러워 거짓을 꾸며 대는군. 난 그런 거짓말에 속지 않는다네!"

개구리가 딱 잘라 말하고는 우물물 속으로 풍덩 들어가 버렸어요.

"쯧쯧, 좁은 우물에 갇혀 넓은 세상은 알지도 못하는 주제에 저만 잘난 줄 알지."

자라는 개구리의 으스대는 꼴이 우스워 혀를 차며 비웃었어요.

이처럼 "우물 안 개구리"라는 속담은 세상 넓은 줄을 알지 못하는 어리석은 사람을 이르는 말이랍니다.

우물 안 개구리

'우물'은 예날, 물을 길어 사용하기 위해 땅을 파 물을 고이게 한 곳을 말해요.

넓은 세상을 알지 못하고 저만 잘난 줄 아는 사람을 비꼬는 말

세상은 배우면 배울수록, 알면 알수록 더 넓답니다. 내가 알고 있는 것이 전부라고 착각하지 말고 열린 마음으로 더 넓은 세상을 경험하고 바라보세요.

**속담!
꿰어야
보배**

- 콩쿠르에 나가 보니 그동안 내가 **우물 안 개구리**였다는 사실을 알게 됐어.
- **우물 안 개구리**가 되지 않으려면 다양한 분야의 책을 읽어 봐. 책을 통해 더 넓고 큰 세상을 경험할 수 있거든.
- **우물 안 개구리**처럼 우리 반에서 축구 좀 잘한다고 네가 최고라고 생각하니? 다른 반에 더 잘하는 친구가 있다고!

**한술
더 뜬
어휘력**

비 *비슷해요*
바늘구멍으로 하늘 보기
좁은 바늘구멍으로 넓은 하늘을 다 볼 수 없겠죠? 짧고 얕은 생각으로는 전체를 넓게 아울러 보지 못한다는 것을 비유적으로 비꼬는 속담이랍니다. 어리석음을 알리는 속담이지요.

성 *같은 성어*
정저지와(井底之蛙: 井 우물 정, 底 밑 저, 之 어조사 지, 蛙 개구리 와)
"우물 안 개구리"라는 속담을 뜻하는 성어랍니다. 정확히 풀이하면 '우물 밑의 개구리'라는 뜻이지요. 『장자』라는 책의 「추수편」에서 유래된 이야기로 정중지와(井中之蛙)라고도 해요.

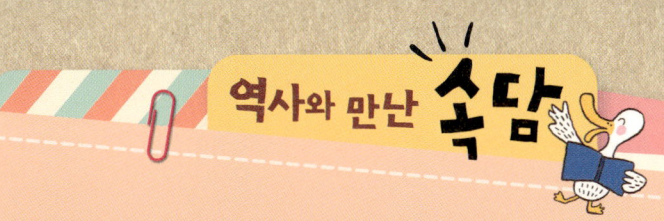

일본, 중국의 청나라, 미국, 영국 등 수많은 나라가 조선에 들어와 자기들 마음대로 조선을 통치하려고 호시탐탐 노리던 때였어요.

조선의 젊은 선비들은 조선도 이제 서양의 앞선 문물을 받아들여 힘을 길러야 한다고 주장했어요. 사람들은 이들을 개화파라고 불렀지요.

"얼마 전 청나라를 다녀왔는데 청나라는 하루가 다르게 변하고 있더군요. 우리도 어서 청나라의 도움을 받아 개화를 이루어야 합니다."

"제 생각은 다릅니다. 그동안 청나라에만 의지했으니 결국 우물 안 개구리가 된 게 아닙니까? 이제는 청나라에서 벗어나야 합니다. 일본처럼 말입니다."

개화파의 젊은 선비들 사이에서도 서로 의견이 나뉘었어요. 청나라의 도움을 받아 차근차근 새로운 것을 받아들이자는 사람과 일본을 본받아 빨리 나라의 문을 열고 발전해야 한다는 사람들로 말이에요.

"청나라에서 벗어나다니요! 청나라가 아니면 조선을 도와줄 나라가 어디 있다고 그러십니까?"

"쯧쯧, 이제 청나라의 시대는 갔습니다. 아직도 그렇게 청나라의 눈치만 보고 있으니 우리 조선이 우물 안 개구리 신세를 면하지 못하는 것입니다!"

선비들은 적이 되어 서로를 헐뜯기 바빴어요.

결국, 청나라에서 벗어나야 한다고 주장하던 박영효, 김옥균, 서재필은 일본의 도움을 받아 상대편을 몰아내기로 했어요. 그 사건이 바로 갑신정변이랍니다.

원숭이도 나무에서 떨어진다

자신만만했던 원숭이의 실수

"여덟, 아홉, 열!"

"이제 찾으러 간다!"

숲 속에서 동물 친구들이 숨바꼭질 놀이를 하고 있었어요.

먼저 술래가 된 토끼가 두 귀를 쫑긋 세우고 사방을 두리번거렸어요.

"바스락."

나뭇잎 밟는 소리에 토끼 귀가 움찔했어요. 토끼는 소리가 들린 도토리나무로 깡충깡충 뛰어갔어요. 그곳에는 덩치 큰 멧돼지가 겨우 얼굴만 가린 채 몸을 잔뜩 옹크리고 있었어요. 토끼는 작은 소리도 잘 듣는 귀 덕분에 친구들을 금방금방 찾아냈지요.

"뭐야, 이렇게 쉽게 찾으니까 재미없잖아!"

원숭이가 투덜거렸어요.

"그러면 우리 술래잡기 할까?"

다람쥐의 말에 친구들이 모두 찬성했어요. 조용히 숨어 있는 것보다 재빨리 도망치는 편이 훨씬 더 재미있을 것 같았거든요.

첫 번째 술래는 다람쥐였어요. 다람쥐는 가벼운 몸을 날리며 동에 번쩍 서에 번쩍 친구들을 잡으러 다녔어요. 하지만 그때마다 원숭이는 다람쥐 바로 앞에서 까불거리다가 나무 위로 휙 올라가며 약을 올렸죠.

"메롱! 난 나무를 잘 타니까 절대 술래가 될 리 없지!"

다람쥐는 깐족거리는 원숭이 때문에 은근히 화가 났어요.

그러거나 말거나 원숭이는 우쭐해져서 한껏 실력을 뽐냈어요. 원숭이가 다른 동물들 보란 듯이 나뭇가지를 딛고 폴짝 뛰어오르자 나뭇가지가 휘청하고 원숭이를 튕겨 냈어요. 원숭이는 어느새 다른 나뭇가지를 붙잡고 나무와 나무 사이를 옮겨 다녔죠.

"우와!"

　친구들이 입을 다물지 못하고 부러운 눈으로 쳐다봤어요. 기분이 좋아진 원숭이는 긴 팔로 나무를 잡고 다시 한 번 옆 나무로 훌쩍 뛰었어요.
　그런데 아뿔싸! 그만 손이 미끄러져 나뭇가지를 잡지 못하고 바닥으로 쿵 하고 떨어졌어요. 그 사이 기회만 보고 있던 다람쥐가 쪼르르 달려가 원숭이를 잡았어요.
　"하하, 이번에는 원숭이가 술래다!"
　다람쥐가 신이 나서 숲 속이 떠나가라 큰 소리로 외쳤어요. 원숭이는 아픈 엉덩이를 붙잡고 입을 삐죽 내밀었어요.
　"아무리 나무를 잘 탄다고 해도 실수할 때가 있는 법이야."
　"맞아, 원숭이도 나무에서 떨어질 때가 있다고!"

숲 속 친구들이 술래가 된 원숭이를 두고 도망가며 놀려 댔어요. 원숭이는 빨갛게 부풀어 오른 엉덩이가 창피해서 쥐구멍에라도 숨고 싶었답니다.

이렇듯 "원숭이도 나무에서 떨어진다."라는 속담은 익숙하게 잘하던 사람도 가끔 실수할 때가 있다는 것을 비유적으로 이르는 말이에요.

원숭이도 나무에서 떨어진다

아무리 익숙하고 잘하는 사람도 가끔 실수할 때가 있다는 뜻

'늘 하던 일이니까 문제없을 거야.'라고 자신만만했다가 실수한 적이 있을 거예요. 아무리 여러 번 해 봤던 일이라도, 잘하는 일이라도 간혹 실수할 수 있으니 자만하지 말고 겸허히 노력하는 자세가 필요해요.

속담! 꿰어야 보배
- 원숭이도 나무에서 떨어진대. 누구나 실수할 수 있으니까 너무 시무룩해 하지 말고 힘내!
- 네가 아무리 수영을 잘해도 물에서는 항상 조심해야 해! 원숭이도 나무에서 떨어진다니까!
- 원숭이도 나무에서 떨어질 수 있어. 그러니 여러 번 했던 실험이라도 정신 바짝 차리고 해야 해, 알았지?

한술 더 뜬 어휘력

동 (똑같아요) **나무 잘 타는 잔나비 나무에서 떨어진다**
'잔나비'는 원숭이를 뜻하는 사투리예요. 그러니까 나무 잘 타는 잔나비는 결국 원숭이를 말하는 것이죠. 이 속담은 "원숭이도 나무에서 떨어진다."라는 속담을 좀 더 길게 표현한 것이랍니다.

비 (비슷해요) **닭도 홰에서 떨어지는 날이 있다**
'홰'는 닭장 속에 닭이 올라앉게 가로질러 놓은 나무 막대를 말해요. 닭은 하루에도 수십 번씩 홰에 오르락내리락하지요. 그런데 닭이 홰에서 떨어지는 날도 있다니 원숭이가 나무에서 떨어지는 것과 같은 의미라고 할 수 있겠죠?

하룻강아지 범 무서운 줄 모른다

철없는 누렁이

  개나리가 한창 피기 시작할 무렵, 복순이네 개가 귀여운 강아지를 다섯 마리나 낳았어요.
  "엄마, 이 누런 강아지는 내 거 할래요."
  "그래, 그럼 호랑이가 물어 가지 않도록 잘 지켜라. 요즘 산에서 호랑이가 내려와 가축들을 잡아먹는다더라."
  복순이 엄마가 어미 개 밥그릇에 미역국을 한가득 부어 놓으며 말씀하셨어요. 복순이는 강아지에게 누렁이라는 이름을 지어 주고

매일매일 정성스럽게 돌봤어요.

누렁이는 무럭무럭 잘 자랐어요. 짧은 다리로 쏜살같이 달리기도 하고 털도 복슬복슬하게 자랐지요. 하지만 아무나 보고 까불며 짖어 대는 바람에 꽁꽁 묶어 두어야 했어요.

누렁이는 지나가는 사람들이 복순이네 집 울타리 근처만 와도 왈왈거렸어요. 캄캄한 밤에는 흔들리는 나무 그림자만 봐도 짖어 대는 통에 잠을 설칠 때도 있었지요.

하루는 이웃집 말숙이가 삽살이를 데리고 놀러 왔어요.

"왈왈왈! 왈왈왈!"

누렁이는 삽살이가 들어오자마자 겅중겅중 뛰며 짖어 댔어요. 자기보다 5배나 큰 삽살이를 똑바로 쳐다보며 계속 왈왈거렸지요.

그러자 삽살이가 오히려 주춤주춤 뒤로 물러났어요.

"삽살이는 덩치만 컸지 겁이 많구나? 한 살밖에 안 된 강아지를 무서워하다니!"

복순이가 으스대며 콧방귀를 뀌었어요. 말숙이는 샐쭉한 얼굴로 누렁이를 흘겨봤죠.

"치! 쪼끄마한 게 아무한테나 까불고 있어! 그러다 큰코다치지."

말숙이가 날카롭게 쏘아붙이더니 팽 토라져서 가 버렸어요.

그날 밤, 복순이가 불을 끄고 누웠는데 누렁이가 또 왈왈거렸어요. 닭장 안의 닭들도 푸드덕푸드덕 날개 치며 소란을 피웠지요.

복순이는 무슨 일이 있나 싶어 이불을 차고 벌떡 일어나 앉았어요.

그때였어요. "어흥" 하는 호랑이 소리가 온 마을을 집어삼킬 듯 울렸어요.

"호랑이가 마을로 내려왔나 보다!"

복순이 아버지가 얼른 문고리를 붙잡고 숨을 죽였어요. 복순이는 이불을 뒤집어쓰고 발발 떨었어요. 오직 마당에 묶어 놓은 누렁이만 호랑이 무서운 줄 모르고 여전히 철없이 짖어 대고 있었죠.

"깨갱, 깨갱."

갑자기 누렁이 비명이 들리더니 주변이 조용해졌어요. 복순이는 누렁이 걱정에 울상이 되었지만, 밖을 내다볼 엄두가 나지 않았어요.

다음 날 아침, 복순이가 조심스레 방문을 열었어요. 마당에 누렁이를 묶어 둔 끈은 보이는데 누렁이는 보이지 않았지요.

복순이 아버지가 방을 나서며 말씀하셨어요.

"쯧쯧, 하룻강아지 범 무서운 줄 모르더니 결국 호랑이 밥이 되었구먼. 불쌍해서 어쩌나."

복순이는 누렁이의 버릇을 진작 고쳐 주지 못한 걸 후회하며 훌쩍훌쩍 눈물을 흘렸어요.

그 이후 마을 사람들은 누군가 아무것도 모르고 철없이 덤빌 때마다 누렁이를 떠올리며 "하룻강아지 범 무서운 줄 모른다."라고 말했답니다.

하룻강아지 범 무서운 줄 모른다

'하룻강아지'는 나이가 한 살 된 강아지를 뜻해요. '범'은 호랑이를 뜻하지요.

아무 경험 없는 사람이 철없이 함부로 덤비는 경우를 이르는 말

겁 없이 무조건 덤비는 행동이 용기 있는 행동은 아니에요. 주변을 잘 살피고 깊이 생각한 후, 나서야 할 때와 나서지 말아야 할 때를 판단해야 하죠. 지혜로운 사람이 가장 용기 있는 사람이랍니다.

속담! 꿰어야 보배

- 아빠랑 내기 장기를 두겠다는 말이지? 하하! **하룻강아지 범 무서운 줄 모르는구나!**
- **하룻강아지 범 무서운 줄 모른다고** 네 녀석이 감히 나한테 팔씨름을 하자고 하다니.
- 이제 막 노란 띠를 딴 네가 검은 띠인 나한테 도전장을 내밀다니, **하룻강아지 범 무서운 줄 모르는군.**

한 술 더 뜬 어휘력 (비슷해요)

비 비루먹은 강아지 대호를 건드린다

'비루먹은 강아지'는 털이 빠지고 비실비실 병에 걸린 강아지예요. '대호'는 큰 호랑이고요. 이 속담은 병에 걸린 강아지가 큰 호랑이에게 덤비는 것처럼 자기 처지도 모르고 무조건 덤비는 어리석은 상황을 뜻하는 말이에요.

미련한 송아지 백정을 모른다

'백정'은 소나 돼지 등 가축을 잡는 일을 직업으로 하는 사람이에요. 이 속담은 미련한 송아지가 자기를 잡으러 온 백정도 알아보지 못한다는 뜻으로, 어리석어서 일이 어떻게 되어 가는지 잘 알지 못하는 경우에 사용하는 속담이랍니다.

역사와 만난 속담

고려가 거란과 친하게 지내지 않자 거란은 이에 불만을 품고 고려를 공격했어요. 그때, 고려의 문신, 서희가 거란과 직접 담판을 짓겠다며 혼자 적진으로 들어갔죠.

"**하룻강아지 범 무서운 줄도 모르고** 스스로 적진에 걸어 들어왔단 말이지?"

거란의 장수, 소손녕이 가소롭다는 듯 코웃음을 쳤어요. 소손녕은 험악한 얼굴을 하고 서희와 마주 앉아 다짜고짜 큰소리를 쳤어요.

"옛 고구려의 땅은 모두 우리 거란의 것이오. 그러니 지금 고려가 차지하고 있는 북쪽의 고구려 땅도 모두 돌려주시오!"

"고구려를 이어받은 나라는 우리 고려입니다. 나라 이름이 고려인 것도 고구려를 이어받았기 때문이지요. 장군 말대로라면 오히려 거란이 차지하고 있는 고구려 땅을 우리에게 돌려주어야 할 것입니다."

서희가 공손하게 그리고 막힘없이 차분하게 대답했어요. 서희의 말은 틀린 것이 없었어요. 할 말이 없어진 소손녕은 괜히 다른 트집을 잡았어요.

"고려는 왜 가까운 우리 거란과는 교류하지 않고 오히려 멀리 있는 송나라와만 교류하는 것이오?"

"우리도 거란과 교류하고 싶지만, 여진이 막고 있어 거란으로 가는 것이 어렵습니다. 만일 여진을 몰아내는 데 도와주신다면 기꺼이 거란과 교류할 것입니다."

서희는 거란이 원하는 것이 무엇인지 정확하게 파악해 소손녕의 마음을 움직였어요. 결국, 소손녕은 군사를 이끌고 고려에서 물러났답니다. 이것이 거란의 1차 침입을 막은 서희의 담판이에요.

어리석음을 깨닫게 하는 속담

- 개구리 올챙이 적 생각 못 한다
- 남의 손의 떡은 커 보인다
- 낫 놓고 기역 자도 모른다
- 등잔 밑이 어둡다
- 떡 줄 사람은 꿈도 안 꾸는데 김칫국부터 마신다
- 소 잃고 외양간 고친다
- 쏟아진 물

개구리 올챙이 적 생각 못 한다

기억력 나쁜 개구리

커다란 연못에 옆 동네 개구리가 놀러 왔어요. 개구리는 연잎 위로 폴짝 뛰어올라 넓은 연못을 구경하고 있었죠.

"어? 못 보던 개구리네?"

게아재비가 대롱처럼 생긴 긴 꼬리를 물 밖으로 쑥 내놓으며 말했어요.

"으하하, 넌 대체 물속에 거꾸로 처박혀서 뭘 하는 거냐?"

개구리는 물풀을 붙잡고 허우적거리는 게아재비를 보고 웃음을 터트렸어요.

"보면 몰라? 숨 쉬러 나왔잖아."

"숨 쉬는 꼴이 참 우습군. 나처럼 물속에서도 물 밖에서도 숨을 쉴 수 있으면 얼마나 좋아?"

개구리가 약을 올리자 게아재비는 기분이 상해 물속으로 쏙 들어가 버렸어요. 그러거나 말거나 개구리는 연못 구경에 신이 났죠. 개구리는 시간 가는 줄 모르고 여기저기 기웃거리다 연못가에서 헤엄치고 있는 올챙이 무리를 만났어요.

"이야, 저 얼굴 큰 것 좀 봐! 꼬리는 저게 뭐람? 꼴에 다리도 있네?"

개구리가 올챙이들의 모습을 보고 놀려 대며 뽐내듯 긴 다리를 쭉 뻗어 보였어요.

"다리가 있을 거라면 나 정도는 되어야 높이 뛸 수도 있지. 도대체 그 다리로 뭘 하겠다는 거야? 차라리 없는 것이 더 낫겠네."

"뭐라고?"

가만히 듣고 있던 올챙이가 눈을 치켜뜨며 톡 쏘아붙였어요.

"너는 너만 잘난 줄 알지? 내 다리도 며칠만 더 있으면 너처럼 길어질 거라고!"

"으하하! 너 참 웃긴다. 너랑 나는 생긴 것부터 다른데 그 짧은 다리가 나처럼 된다고?"

개구리가 배꼽을 잡고 깔깔댔어요. 올챙이는 분해서 두 볼이 빵빵하게 부풀어 올랐지요.

때마침 연못 바닥에서 잠을 자던 자라 할아버지가 빼꼼 고개를 내밀었어요. 그리고는 개구리를 점잖게 타일렀어요.

"너도 얼마 전까지 꼬리를 달고 다녔었는데 그새 까먹었느냐?"

"제가 꼬리를 달고 다녔다고요? 그럴 리가요!"

개구리가 펄쩍 뛰며 고개를 절레절레 흔들었어요.

"에그, 개구리 너는 건방진 데다가 기억력도 나쁘구나! 쯧쯧."

자라 할아버지가 껍질 속으로 목을 쏙 집어넣으며 혀를 찼어요.

연못 동물들도 당황하는 개구리를 보고 한마디씩 했죠.
"참, 자기가 올챙이였던 것도 모르나 보네?"
"그래 놓고 잘난 척은! 정말 웃겨."
개구리는 얼굴이 화끈 달아올라 도망치듯 연못을 빠져나갔어요.
이야기 속 개구리처럼 자신의 못나고 어렵던 시절을 기억하지 못하고 함부로 행동할 때 "개구리 올챙이 적 생각 못 한다."라고 한답니다.

개구리 올챙이 적 생각 못 한다

'올챙이'는 개구리가 되기 전 애벌레 상태를 말해요.

지난 일은 생각지 못하고 처음부터 그랬던 것처럼 잘난 체한다는 뜻

형편이나 상황이 조금 나아졌다고 해서 지난날을 까맣게 잊고 으스댄다면 주변 사람들이 다 손가락질하며 싫어할 거예요. 항상 자신을 돌아보고 겸손하게 행동해야 해요.

속담! 꿰어야 보배

- 개구리 올챙이 적 생각 못 한다더니 반장 됐다고 너무 으스대는 거 아니니?
- 축구 좀 잘한다고 잘 난 척은. **개구리 올챙이 적 생각 못 한다**고 너도 얼마 전까지 만날 헛발질만 했잖아.
- 누난 왜 저렇게 잘난 척일까? **개구리 올챙이 적 생각 못 한다**고 누나도 얼마 전까지 나처럼 공부 못했는데 말이야.

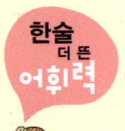
한술 더 뜬 어휘력

비 비슷해요

거지가 밥술이나 뜨게 되면 거지 밥술 안 준다
'밥술'은 밥숟가락을 말해요. 밥술이나 뜨게 되었다는 것은 먹고살 만해졌다는 뜻이지요. 이 속담은 가난했던 사람이 형편이 나아지면 도리어 어려운 사람을 생각할 줄 모른다는 의미가 있답니다.

며느리 늙어 시어미 된다
구박받던 며느리가 시어머니가 되면 며느리를 더 심하게 대한다는 뜻이에요. 며느리 적에 고생한 것을 생각한다면 오히려 며느리에게 더 잘해 줘야 하는데, 그렇지 못하고 며느리를 구박한다는 말이죠. 결국, 자기가 며느리였을 때를 생각 못 하는 거예요.

남의 손의 떡은 커 보인다

요리조리 봐도 내 떡이 작아 보여

이웃집에 사는 강 서방과 이 서방은 툭하면 서로 티격태격하기로 동네에서 유명했어요.

"자네 집 연기가 우리 집까지 날아와서 눈이 매워 죽겠네."

"바람이 불어서 그러는 걸 난들 어쩌나?"

"그러면 바람이 반대 방향으로 불 때만 불을 때든지!"

"말도 안 되는 소리! 흥!"

둘은 별것도 아닌 일을 두고 항상 옥신각신 말이 많았지요.

논밭에 씨 뿌리기가 끝난 단옷날, 마을 곳곳에서 잔치가 열렸어요. 고운 옷을 차려입은 마을 사람들이 그네를 타며 즐겁게 놀았어요. 특히 장터에서 벌어진 씨름판은 응원하는 사람들로 들썩들썩했지요.

강 서방과 이 서방도 씨름 구경에 한창 신이 났어요.

"넘겨! 넘겨! 그렇지!"

목이 터져라 하고 자기편을 응원하고 있는데 어디선가 참기름 냄새가 솔솔 풍겨 왔어요.

"떡 사시오, 떡!"

떡 장수가 떡판을 들고 돌아다니며 떡을 팔았어요. 마침 배가 고팠던 강 서방이 먼저 떡 장수를 불러 세웠어요. 반질반질 기름칠이 된 수리취떡은 보기에도 먹음직스러웠죠.

"떡 하나 주시오."

강 서방이 허리춤에서 돈을 꺼내는데, 지켜보던 이 서방도 떡을 사겠다고 나섰어요.

"나도 이 떡 하나 주시오."

떡 장수가 동그란 수리취떡을 두 개 집어 강 서방과 이 서방에게 하나씩 주었어요. 그러자 강 서방이 떡을 요리조리 돌려 보더니 고개를 갸웃했어요.

"아무래도 내 떡이 더 작아 보이는걸? 이보시오, 떡장수. 더 큰 것으로 바꿔 주시오!"

"내가 보기엔 작지도 않은데……."

떡장수가 혼잣말로 구시렁거렸어요. 하지만 어쩔 수 없이 다른 떡으로 바꿔 주었죠. 그런데 이번에는 이 서방이 큰 소리로 따지는

거예요.

"이렇게 되면 내 떡이 더 작지!"

강 서방과 이 서방은 자기가 쥐고 있는 떡이 더 작아 보인다며 자꾸 바꿔 달라고 시비를 걸었어요. 떡장수는 몇 번을 이 떡 저 떡으로 바꿔 주었어요. 그러는 통에 떡은 주물럭주물럭 엉망이 되었죠.

"이것 보시오!"

참다못한 떡장수가 강 서방과 이 서방이 들고 있는 떡을 뺏어 들고 버럭 소리를 질렀어요.

"둘 다 똑같은데 왜 남이 들고 있는 것만 더 크다고 난리요? 내가 손해를 보면 봤지 당신들한텐 이 떡 안 팔겠소!"

떡장수가 들고 있는 떡을 비교해 보니 정말 크기와 모양이 틀에 찍어낸 것 같이 똑같았어요.

"쯧쯧, 그저 남의 것만 더 좋아 보이고 남의 손에 있는 떡이 더 커 보이는구먼? 허허."

구경꾼들이 혀를 끌끌 차며 두 사람을 비웃었어요. 강 서방과 이 서방은 더는 할 말이 없어 그저 하늘만 멀뚱멀뚱 쳐다보며 딴청을 피웠답니다.

욕심이 지나치다 보면 남의 손의 떡만 더 커 보이고, 내 것보다 남의 것이 더 좋아 보이죠. 욕심을 버려야 모든 것이 제대로 보인답니다.

남의 손의 떡은 커 보인다

내 것보다 남의 것이 더 좋아 보인다는 뜻

다른 사람이 하는 일은 왠지 쉬워 보이고 더 좋아 보일 때가 많아요. 그러다 보니 자꾸 불평, 불만이 생기지요. 하지만 쉬워 보이던 일도 막상 내가 하면 어렵다는 것을 알게 될 거예요. 남의 것을 탐내기보다 내가 가지고 있는 것에 감사할 줄 알아야겠지요?

- 남의 손의 떡이 커 보인다고 형 장난감이 더 좋아 보여.
- 피자 크기는 어차피 다 똑같은데 뭘 자꾸 비교하고 그래? 그저 남의 손의 떡만 커 보이지!
- 불평 좀 그만해. 네가 맡은 청소가 제일 쉬운 거거든? 그러게 남의 손의 떡은 커 보이는 법이라니까.

비 남의 짐이 가벼워 보인다
다른 사람이 하는 일은 힘든 일이라도 자기가 하는 일보다 쉬워 보인다는 뜻이에요. "남의 밥에 든 콩이 굵어 보인다."라는 표현도 사용하지요.

반 남의 돈 천 냥이 내 돈 한 푼만 못하다
'냥'과 '푼'은 옛날에 사용하던 돈의 단위예요. 보통 한 냥은 백 푼과 같다고 해요. 그러니 천 냥이면 한 푼과 비교할 수 없을 정도로 큰돈이죠. 이 속담은 아무리 작고 보잘것없는 것이라도 남의 것보다 내가 가진 것이 낫다는 뜻이에요.

낫 놓고 기역 자도 모른다

머슴이 대신한 글공부

어느 마을에 돈만 많고 무식한 양반이 살고 있었어요.
"아들아, 우리가 비록 돈을 주고 양반 족보를 산 것이기는 해도 양반은 양반이란다. 그러니 이제 너도 글공부를 해 두어라."
아버지가 아들에게 두꺼운 책을 들이밀며 말했어요.
아들은 번지르르 모양새 나는 양반이 된 것은 좋았지만 날마다 책상 앞에 앉아 글공부를 하려니 온몸이 배배 꼬였어요.

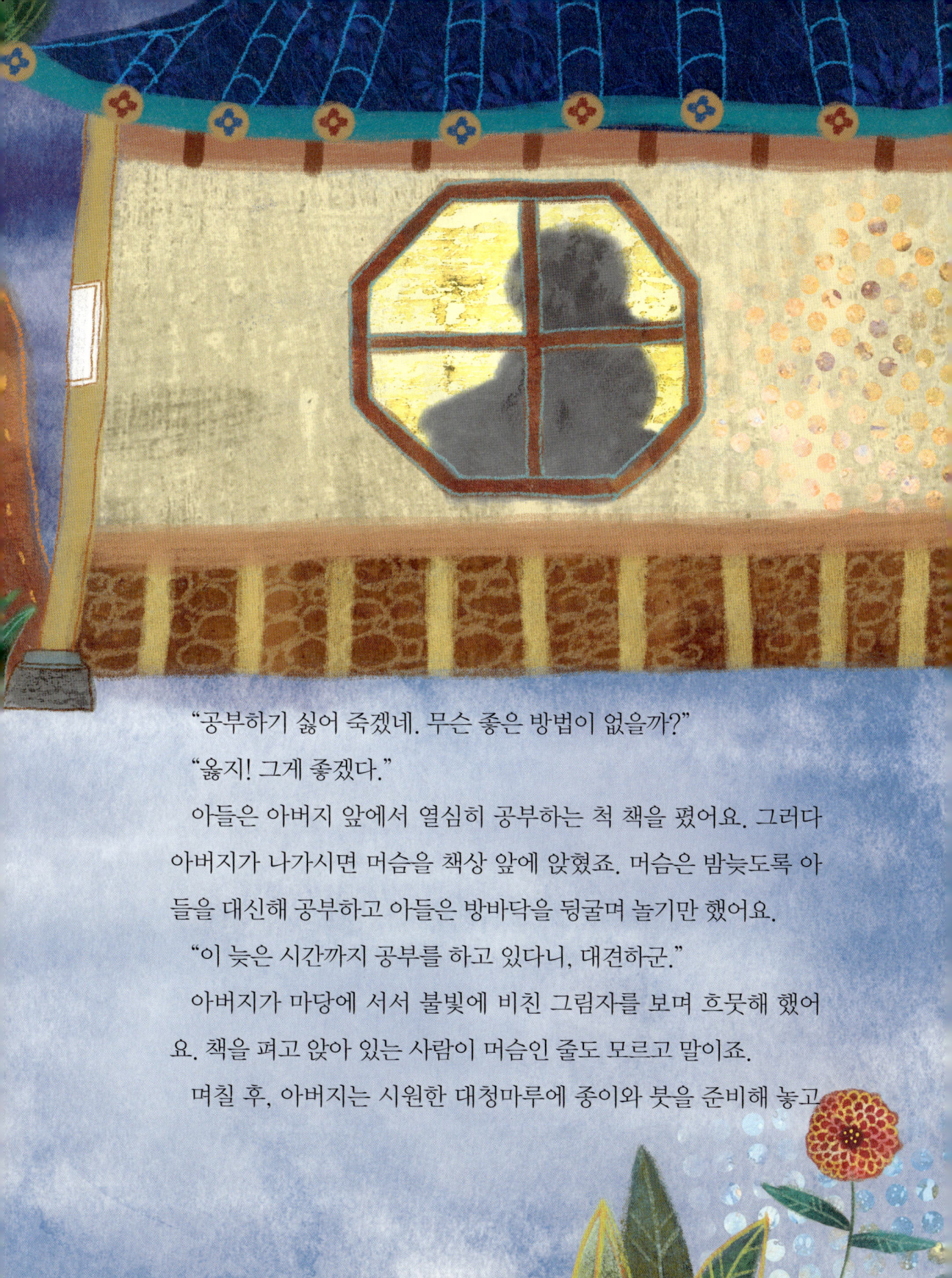

"공부하기 싫어 죽겠네. 무슨 좋은 방법이 없을까?"

"옳지! 그게 좋겠다."

아들은 아버지 앞에서 열심히 공부하는 척 책을 폈어요. 그러다 아버지가 나가시면 머슴을 책상 앞에 앉혔죠. 머슴은 밤늦도록 아들을 대신해 공부하고 아들은 방바닥을 뒹굴며 놀기만 했어요.

"이 늦은 시간까지 공부를 하고 있다니, 대견하군."

아버지가 마당에 서서 불빛에 비친 그림자를 보며 흐뭇해 했어요. 책을 펴고 앉아 있는 사람이 머슴인 줄도 모르고 말이죠.

며칠 후, 아버지는 시원한 대청마루에 종이와 붓을 준비해 놓고 아들을 불렀어요. 아들이 그동안 얼마나 열심히 공부했는지 확인해 보고 싶었거든요.

"그동안 배우고 익힌 글자들을 써 보도록 해라."

"예? 아……. 그것이……. 아직 한자는 다 배우지 않아서."

당황한 아들이 머뭇거리며 변명을 늘어놓았어요.

"그렇다면 쉬운 한글부터 써 보아라."

아버지가 재촉하자 아들은 어쩔 수 없이 붓을 들었어요. 하지만 머릿속이 하얘지고 아무것도 떠오르지 않았어요.

그때 마침, 마당을 쓸고 있던 머슴이 재빨리 마루 밑에서 낫을 꺼내 들었어요.

"그러고 보니 낫이 뭘 닮았네. 그렇죠, 도련님?"

머슴이 낫을 흔들며 아들에게 슬그머니 귀띔했어요. 하지만 아들

은 그것도 눈치채지 못하고 쩔쩔맸어요.

머슴은 아예 대놓고 마당에 낫 모양이라며 'ㄱ'을 그렸어요.

"이게 뭐더라……."

머슴은 주인 아들과 눈을 마주칠 때마다 손과 입으로 글자를 일러 주었어요. 그래도 아들은 종이 위에 한 글자도 쓰지 못했죠.

"어휴, 답답해! 기역이요, 기역! 한글은 기역부터 시작하잖아요! 낫 놓고 기역 자도 모르면 어떻게 해요?"

아무리 귀띔을 줘도 알아듣지 못하자 머슴이 가슴을 탕탕 치며 버럭 소리를 질렀어요. 그 바람에 그동안 아들이 글공부를 하지 않았다는 것이 들통나 아버지께 혼이 나고 말았죠.

"낫 놓고 기역 자도 모른다."라는 속담은 이처럼 무식해서 아무것도 알지 못하는 경우에 사용하는 말이랍니다.

낫 놓고 기역 자도 모른다

'낫'은 벼나 풀을 벨 때 사용하는 농기구예요.

글자를 하나도 모를 정도로 아주 무식하다는 뜻

'아는 것이 힘이다.'라는 말이 있지요? 그만큼 배움은 나를 더 당당하고 자신 있게 만들어 준답니다. 사람들 앞에서 부끄럽지 않고 당당한 내가 되려면 끊임없이 배우려는 자세가 필요해요.

- 우리 엄마도 스마트폰은 **낫 놓고 기역 자도 모른다**니까!
- **낫 놓고 기역 자도 모른다**더니 정말 이렇게 쉬운 속담도 모른단 말이야?
- 내가 힌트를 그렇게 많이 줬는데 하나도 못 맞히고. 너 정말 **낫 놓고 기역 자도 모르는구나**!

비 (비슷해요) **가갸 뒷 자도 모른다**
한글을 외울 때 '가갸거겨'부터 외우지요? 이 속담은 첫 글자인 '가'와 '갸'도 모를 정도로 무식하거나 사리에 어두운 사람을 놀림조로 이르는 말이에요. "가갸 뒷다리도 모른다."라고 표현할 때도 있답니다.

성 (같은 성어) **우이독경**(牛耳讀經: 牛 소 우, 耳 귀 이, 讀 읽을 독, 經 경전 경)
"쇠귀에 경 읽기."라는 속담을 성어로 표현한 말입니다. 경(經)은 경전을 말하는데 옛날 서당이나 성균관에서 공부할 때 사용하던 책이에요. 그런 책을 소의 귀에 대고 밤낮으로 읽어 봐야 소는 한마디도 알아듣지 못하겠지요? 그러니 "쇠귀에 경 읽기."는 아무리 가르치고 일러 주어도 알아듣지 못한다는 뜻이랍니다.

역사와 만난 속담

주시경은 늘 보따리를 들고 바쁘게 돌아다녔어요. 열 개가 넘는 학교에서 강의를 하고, 한글을 가르치기 위한 책을 쓰려면 언제나 시간에 쫓겨 다녀야 했거든요.

"이보게, 통감부에서 자네에게 높은 벼슬을 주겠다고 하네. 그러니 그까짓 한글 가르치는 일은 그만두고 나와 함께 대일본 제국을 위해 일하세."

밤늦게 집으로 돌아온 주시경 앞에 일본 앞잡이가 된 친구가 찾아와 말했어요.

"그까짓 한글이라니! 나에게는 한글을 연구하고 가르치는 일만큼 중요한 것이 없네."

"**낫 놓고 기역 자도 모르는** 사람들에게 한글은 가르쳐 뭘 하나?"

친구가 같잖다는 듯 씩 웃었어요.

하지만 주시경은 그럴수록 더 진지하게 굳은 표정으로 친구를 바라봤어요.

"글에는 우리의 정신과 혼이 담겨 있네. 그걸 알기 때문에 일본에서도 내가 하는 일을 방해하고 있는 것이 아닌가?"

친구는 속내를 들킨 것 같아 찔끔해서 할 말을 잃었어요.

"나는 한글을 지키고 연구하는 것이 곧 나라를 지키는 것이라고 믿고 있네!"

주시경은 이 한마디를 남기고 뒤도 돌아보지 않은 채 방으로 들어가 버렸어요.

이야기 속 주인공인 주시경은 언문, 암글이라 불리며 무시당하던 우리글에 한글이라는 이름을 지어준 국어학자예요. 일제 강점기에 한글 맞춤법과 문법을 연구하며 한글을 널리 알리기 위해 노력했던 분이랍니다.

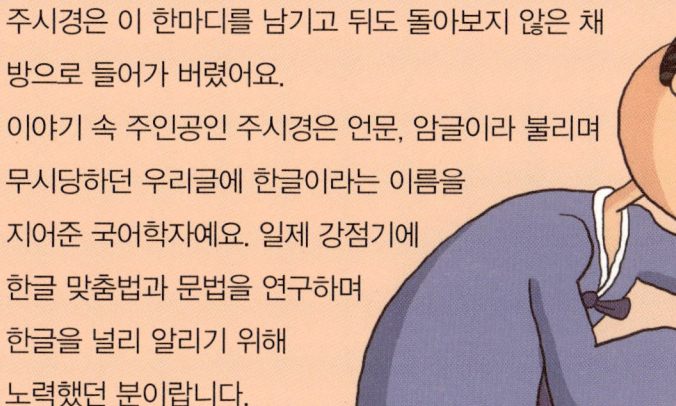

129

등잔 밑이 어둡다

감쪽같이 사라진 바늘

　달랑 방 한 칸밖에 없는 작은 초가집에 농부네 여섯 식구가 오글오글 모여 살았어요. 워낙 가난해서 살림살이라고는 작은 옷장 하나밖에 없었지만, 사람이 여섯이다 보니 항상 비좁았죠.
　"먹을 양식이 점점 떨어져 가니 걱정이오."
　가난한 농부가 잔뜩 옹크린 채 새우잠을 자는 자식들을 바라보며 한숨지었어요.
　"걱정하지 마세요. 제가 바느질거리를 얻어 오면 입에 풀칠은 할 수 있을 거예요."
　농부의 아내가 소중하게 간직해 둔 반짇고리를 꺼내며 말했어요.
　농부의 아내는 바느질 솜씨가 제법 좋았어요. 옷을 잘 만든다는 입소문이 퍼지자 일거리도 많이 들어왔지요. 하지만 넷이나 되는 자식들을 먹이고 입히려니 바늘을 넉넉하게 준비해 둘 여유가 없었어요. 농부의 아내는 몇 개 안 되는 바늘을 소중하게 간직하고 사용했지요.
　"부인, 밤이 늦었는데 그만 잡시다."
　"이 저고리만 완성하고 잘게요. 내일까지 가져다주어야 하거든요."

농부의 아내는 방 한쪽 구석에 쪼그리고 앉아 호롱불에 의지하며 밤늦도록 옷을 지었어요. 그러다가 깜빡 잠이 들어 고개가 꾸벅 떨어진 순간, 화들짝 놀라면서 그만 바늘을 놓쳐 버렸지 뭐예요.

"어머나! 내 바늘!"

농부의 아내는 방바닥을 더듬으며 바늘을 찾으려 애썼어요. 하지만 어둑어둑한 등잔불 아래서 조그마한 바늘을 찾기란 쉽지 않았지요.

"여보, 일어나 봐요. 일식아! 저리 비켜 봐라."

　농부의 아내는 바늘을 찾느라 온 식구를 깨웠어요.
　식구들은 조심조심 이불을 걷어 내고 베개를 들어 보기도 했어요. 몇 번이나 좁은 방을 기어 다니며 눈에 불을 켜고 찾았지만, 바늘은 코빼기도 보이지 않았지요.
　"꼬끼오!"
　감쪽같이 사라진 바늘을 찾는 사이, 새벽닭이 울고 해가 떠올라 주변이 환하게 밝아졌어요. 농부네 여섯 식구는 지치고 지쳐 축 늘어졌어요.
　"바늘이 하늘로 솟았나 땅으로 꺼졌나. 도대체 어디로 간 거야."

농부의 아내는 울상이 되었어요. 바로 그때였어요.

"어? 바늘이다!"

셋째 삼순이가 등잔 밑에서 바늘을 찾아 들고 외쳤어요.

"아니, 이 바늘이 어디 있다가 이제 나타난 거야?"

식구들은 우르르 몰려들어 바늘과 등잔 밑을 번갈아 쳐다봤어요.

"아하! 등잔 바로 밑에 있어 보이지 않았나 보네. 거기가 제일 어둡잖아."

"맞다. 그러고 보니 가까이 두고 한참을 찾았구나. 허허허!"

농부네 가족들은 모두 보물이라도 찾은 양 기뻐했어요.

이렇듯 "등잔 밑이 어둡다."라는 말은 가까이 있어도 도리어 알아보지 못하거나 찾지 못하는 경우를 이르는 속담이랍니다.

등잔 밑이 어둡다

'등잔'은 옛날에 기름을 담아 불을 켜던 도구예요.

가까이에 있는 것을 도리어 알아보지 못한다는 뜻

등잔 밑이 어두워 바늘이 보이지 않았던 것처럼 소중한 것을 가까이 두고도 알아보지 못할 때가 많아요. 소중한 것은 생각보다 가까이 있답니다. 멀리서 찾지 말고 내 주변에서 찾아보세요.

속담! 꿰어야 보배

- 등잔 밑이 어둡다더니 바로 코앞 책꽂이에 책을 꽂아 두고 한참이나 찾았잖아?
- 찾았다! 여기 있었네. 등잔 밑이 어둡다더니 바로 발밑에 동전이 떨어졌을 줄이야!
- 옛말에 등잔 밑이 어둡다는 말이 있어. 혹시 네 자리 밑으로 떨어지지 않았는지 잘 찾아봐.

한술 더 뜬 어휘력

비 (비슷해요) **업은 아이 삼 년 찾는다**
자기 등에 업은 아이를 삼 년 동안이나 찾아 헤맨다고 표현한 우리 조상들의 말씨가 참 재미있지 않나요? 이 속담은 가까이 두고도 엉뚱한 곳에서 오랜 시간 찾아다니는 경우를 비유적으로 이르는 말이에요. "등잔 밑이 어둡다."라는 속담과 뜻이 통하지요.

성 (같은 성어) **등하불명**(燈下不明: 燈 등잔 등, 下 아래 하, 不 아니 불, 明 밝을 명)
한자를 그대로 풀이하면 '등잔 아래가 밝지 않다'는 말이에요. 결국, 등잔 밑이 어둡다는 뜻이죠. 이렇듯 옛날에는 속담을 성어로 만들어 사용하기도 했어요.

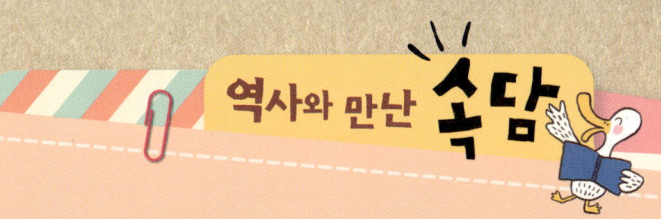

역사와 만난 속담

백제의 개로왕은 바둑을 무척 좋아했어요. 호시탐탐 백제를 넘보는 고구려와의 전쟁 준비를 하다가도 바둑을 두기 시작하면 시간 가는 줄 몰랐죠.

"대왕님, 고구려에서 도망 나온 도림이라는 승려가 바둑을 잘 둔다고 하옵니다."

"그래? 그렇다면 한 번 시험해 봐야지."

소문대로 도림의 실력은 만만치 않았어요. 개로왕은 이제야 진짜 상대를 만났다며 매일같이 바둑을 두다 보니 도림을 아끼고 신뢰하게 되었어요.

"대왕님, 백제는 이제 작은 나라가 아닙니다. 감히 주변 나라들도 백제를 공격할 생각도 하지 못하지요. 그런데 그에 비해 대왕님이 살고 계신 궁궐과 성곽은 오래되어 볼품이 없으니 안타깝습니다."

도림이 가슴 아프다는 듯 한숨을 지으며 말을 이었어요.

"신하와 백성이 대왕님을 우러러보도록 화려하고 웅장한 궁궐을 지어야 합니다."

도림이 부추기자 개로왕은 당장 궁궐을 고쳐 짓기 시작했어요. 군사들은 공사장에 불려 나와야 했고 백성도 세금이 늘어나 불평이 많아졌지요.

그때를 이용해 고구려 군사들이 백제를 공격하고 나섰어요. 개로왕과 신하들은 갑작스러운 고구려의 공격에 당황했어요.

"대왕님! 승려 도림이 고구려의 첩자였다고 합니다."

"뭣이라? 등잔 밑이 어둡다더니 내가 첩자를 옆에 두고도 알아보지 못하고 어리석은 일을 했구나!"

개로왕은 도림의 꾀에 넘어간 것을 후회했지만 이미 늦어버렸죠. 결국, 개로왕은 고구려군과 싸우다 전쟁터에서 목숨을 잃었고 백제는 수도를 떠나야 했답니다.

떡 줄 사람은 꿈도 안 꾸는데 김칫국부터 마신다

그저 떡 먹을 생각만

개똥이네 식구들이 김이 모락모락 나는 시루떡을 냠냠 먹고 있었어요. 방금 찐 시루떡은 따끈하고 달콤했지요.

"개똥엄마, 집에 있어?"

한참 맛있게 먹고 있는데 옆집 평안댁이 개똥엄마를 불렀어요.

"평양댁이 무슨 일이야?"

개똥엄마가 시루떡을 얼른 이불 속에 감추고 입을 오물거리며 물었어요. 입가에 떡고물이 묻은 것도 모른 채 말이죠.

"시루 좀 빌리러 왔지. 그런데 이 집도 오늘 떡 해 먹었나 봐?"

평안댁이 코를 벌름거리며 목을 쭉 빼고 방안을 기웃거렸어요.

"아니! 아냐, 안 했어!"

개똥엄마가 서둘러 방문을 닫으며 시치미를 뚝 뗐어요. 평안댁은 그런 개똥엄마가 알미웠지만 모른 척했어요. 시아버님 생신상에 올릴 떡을 하려면 시루를 빌려 가야 하니까요. 평안댁은 떡시루를 빌려 총총총 집으로 돌아갔어요.

"옆집에도 떡 좀 나눠 주지."

평안댁이 가고 나자 개똥아빠가 떡을 상 위에 다시 올려놓으며 말했어요.

"옆집도 내일 떡 한다잖아요. 그러나저러나 내일 또 떡 먹게 생겼네. 히히."

개똥엄마는 떡 얻어먹을 생각에 혼자 히죽히죽 웃었어요.

다음 날, 이른 아침부터 옆집에서는 떡방아 찧는 소리가 요란했어요. 떡방아 찧는 소리에 개똥엄마도 덩달아 어깨가 들썩했죠.

"시루도 빌려 갔고 생일 떡이라니까 우리 집에도 나눠 주겠지?"

생각만 해도 침이 꼴깍 넘어가고 입이 헤벌쭉 벌어졌어요.

"떡만 먹으면 목이 마르니까, 옳거니! 김치 국물이라도 미리 준비해 놔야겠군."

개똥엄마는 잘 익은 김치를 꺼내와 상을 차렸어요. 그리고 홀짝

꿀꺽 꿀꺽

홀짝 김칫국을 떠 마시며 이제나저제나 평안댁이 오기만 기다렸죠.

"개똥엄마!"

드디어 문밖에서 평안댁이 부르는 소리가 들렸어요. 개똥엄마는 기다렸다는 듯이 벌컥 문을 열고 평안댁을 반갑게 맞았어요.

"평안댁! 시루는 잘 썼어?"

개똥엄마가 평안댁 주위를 둘레둘레 돌아보며 물었어요.

"응, 요긴하게 잘 썼어. 시루 빌려준 것이 고마워서 요 나물을 좀 가져왔지. 그런데 저 상 위에 김치는 뭐야? 벌써 저녁상 차리는구나, 그럼 나물이랑 저녁 맛있게 드시게."

개똥엄마는 뜻하지 않은 평안댁의 나물 선물에 당황해 우물쭈물 제대로 대답도 못 했어요. 사실 떡 먹을 생각에 잔뜩 부풀어 저녁밥도 짓지 않았는데 말이에요.

그 모습을 본 개똥아빠가 고개를 흔들며 한마디 했어요.

"그러게 떡 줄 사람은 생각도 않는데 김칫국부터 마시고 있더라니. 속이 쓰려서 어쩌나? 허허."

이처럼 해 줄 사람은 생각지도 않는데 미리부터 다 된 일로 알고 멋대로 행동하는 것을 두고 "떡 줄 사람은 꿈도 안 꾸는데 김칫국부터 마신다."라고 말해요.

떡 줄 사람은 꿈도 안 꾸는데 김칫국부터 마신다

'김칫국'은 김치에서 나온 국물을 뜻해요.

해 줄 사람은 생각지도 않는데 미리부터 넘겨짚어 기대한다는 뜻

지레짐작으로 넘겨짚고 제멋대로 행동하는 것은 경솔하고 어리석은 행동이랍니다. 성급하게 판단하지 말고 무슨 일이든 신중하게 생각하고 행동하세요.

속담! 꿰어야 보배

- 세뱃돈으로 게임기를 사겠다고? 떡 줄 사람은 꿈도 안 꾸는데 김칫국부터 마시고 있구나!
- 수정이한테 초콜릿을 받을 거 같다고? 떡 줄 사람은 꿈도 안 꾸는데 혼자 김칫국부터 마시고 있는 거 아니야?
- 떡 줄 사람은 꿈도 안 꾸는데 김칫국부터 마신다더니 엄마 허락도 안 받고 벌써 친구네 집에 가서 놀 계획을 짜고 있어?

한술 더 뜬 어휘력

동 (똑같아요) **앞집 떡 치는 소리 듣고 김칫국부터 마신다**

앞집에서 떡 치는 소리만 듣고도 떡을 줄 것이라고 넘겨짚어 김칫국부터 마시는 경우예요. "떡 줄 사람은 꿈도 안 꾸는데 김칫국부터 마신다."라는 속담과 같은 의미죠.

비 (비슷해요) **벼슬하기 전에 일산 준비**

'일산'은 높은 벼슬아치들이 햇볕을 가리기 위해 사용하는 커다란 양산을 말해요. 그러니까 벼슬을 하기도 전에 일산부터 준비한다는 것은 일이 어떻게 될지 모르면서 다 된 것처럼 서둘러 준비하는 어리석은 행동을 뜻한답니다.

소 잃고 외양간 고친다

진작 고쳐 놓을걸

　게으른 농부와 아내는 해가 뜨고 한참이 지났는데도 이불 속에서 뒹굴며 뭉그적거리기만 했어요.
　"오늘은 당신이 소 여물 좀 줘요."
　아내가 바닥에 누운 채 눈만 끔뻑이며 말했어요. 농부는 못 들은 척 돌아누워 버렸지요.
　농부네 집 외양간에는 커다란 암소가 한 마리 있었어요. 암소는 가난한 농부에게 아주 소중한 재산이에요. 소가 있어야 농사를 지을 수 있고, 새끼를 낳으면 팔아서 큰돈도 벌 수 있으니까요. 하지만 매일 먹이를 주고 돌보는 일은 귀찮기만 했어요.
　"음매, 음매."
　밥때가 지나자 배고픈 암소가 서럽게 울어 대며 외양간을 들이받았어요. 농부와 아내는 그제야 마지못해 꿈지럭꿈지럭 자리에서 일어났어요.
　"여보, 이리 와 봐요! 외양간 문이 자꾸 덜렁거려요."
　농부의 아내가 농부를 불렀어요. 농부는 엉거주춤 서서 외양간을

요리조리 살폈어요.

오래된 외양간은 고칠 곳이 한두 군데가 아니었어요. 소를 묶어 놓은 기둥이 갈라지고 문도 한쪽으로 기울어져 삐거덕거렸지요.

"이걸 고치려면 나무도 있어야 하고 망치랑 대패도 필요하고……. 에이, 내일 고치지 뭐."

게으른 농부가 뒷짐을 진 채 기웃기웃하다가 슬그머니 돌아섰어요.

"저이는 맨날 내일이래. 무슨 일이든 미루기만 한다니까."

농부의 아내도 입으로만 구시렁거리고 그냥 지나쳐 버렸어요.

그날 밤, 천둥 번개와 함께 세찬 비가 쏟아졌어요. 바람도 어찌나 심하게 불던지 밤새도록 방문이 흔들흔들, 외양간이 덜그럭덜그럭

했어요.

"좀 나가 봐요. 저러다 외양간 부서지겠어요."

아내가 농부를 발로 툭 밀어냈어요. 그러거나 말거나 농부는 이불을 뒤집어쓰고 꿈쩍도 하지 않았죠.

다음 날 아침, 느지막이 소에게 여물을 주러 나간 아내가 펄쩍펄쩍 뛰며 아우성쳤어요.

"아이고, 소가 없어졌네! 여보, 나와 봐요! 소가 도망을 갔어요!"

농부가 깜짝 놀라 달려 나가 보니 외양간이 텅 비어 있었어요. 외양간 문은 바람 때문에 떨어졌는지 바닥에 뒹굴고 있었어요. 소를 묶어 두었던 기둥도 부러졌고요.

농부와 농부의 아내는 온종일 잃어버린 소를 찾아 사방팔방 돌아다녔어요. 하지만 뛰쳐나간 소를 찾을 수 없었어요.

"아이고, 진작 고쳐 둘걸."

농부가 빈 외양간을 바라보며 후회했어요. 그러다가 주섬주섬 나무와 연장을 챙겨 외양간으로 갔죠. 농부는 소도 없는 외양간을 뚝딱뚝딱 손보기 시작했어요. 마당에 털썩 주저앉았던 농부의 아내도 남편을 도왔어요.

지나가던 사람들이 이 모습을 보고 어처구니없다는 표정을 지으며 말했어요.

"하 참! 외양간은 뭐하려고 고치는 거야?"

"그러게. 이제 와서 무슨 소용이라고! 쯧쯧."

이렇듯 "소 잃고 외양간 고친다."라는 속담은 일이 이미 잘못된 뒤에는 후회해도 소용이 없다는 뜻이랍니다.

소 잃고 외양간 고친다

'외양간'은 말이나 소를 기르는 곳을 말해요.

일이 이미 잘못된 뒤에는 손을 써도 소용이 없다는 뜻

숙제나 시험공부를 미루다가 코앞에 닥친 후에야 '좀 더 일찍 시작할 걸.' 하고 후회해 본 적 있지요? 이제는 뒤늦게 후회하지 말고 미리미리 준비하는 습관을 길러 보세요.

- 소 잃고 외양간 고치지 말고 미리미리 준비하는 게 어때?
- 소 잃고 외양간 고친다더니 시험 다 끝나고 공부해 봤자 무슨 소용이니?
- 진작 자전거 브레이크를 고쳤어야 했는데……. 다치고 난 후에야 고치고 있으니 소 잃고 외양간 고치는 꼴이군.

반 **넘어지기 전에 지팡이 짚다**

지팡이를 짚으면 중심을 잡는 데 도움이 되어 잘 넘어지지 않고 다시 일어설 수 있어요. 그것처럼 이 속담은 어떤 일에 실패하거나 화를 입기 전에 미리 준비한다는 것을 비유적으로 이르는 말이에요. 일이 잘못되고 난 후에야 손을 쓰는 "소 잃고 외양간 고친다."라는 속담과 정반대지요?

성 **유비무환**(有備無患: 有 있을 유, 備 갖출 비, 無 없을 무, 患 근심 환)

미리 준비하고 있으면 근심이 없다는 뜻의 성어예요. 유비무환처럼 평소에 철저하게 대비하고 있으면 소 잃고 외양간 고칠 일도 없을 거예요.

쏟아진 물

때늦은 후회

    중국에 강태공이라는 사람이 살고 있었어요. 강태공은 낚시하는 것을 아주 좋아했어요. 하지만 언제나 집에 돌아올 때는 빈 망태뿐이었지요.
    "오늘도 고기는 한 마리도 없어요?"
    강태공이 집에 들어서자마자 강태공의 부인이 가자미눈을 하고 쏘아붙였어요. 그런 부인을 보고도 강태공은 그냥 허허 웃기만 했어요.

"허구한 날 바늘도 없는 낚싯대를 들고 앉아서 무슨 생각을 하는 건지!"

강태공 부인은 화가 나서 빈 낚싯대를 집어 던졌어요.

"능력 없는 당신이랑은 더는 못 살겠어요. 이제부터 혼자 잘 살아 보시구려!"

강태공 부인은 짐을 싸서 집을 나가 버렸어요. 그래도 강태공은 언제나 낚싯대를 드리우고 앉아 깊은 생각에 빠져 있곤 했지요.

그러던 어느 날이었어요. 주나라의 문왕이 길을 가다 낚싯대를 드리우고 있는 강태공을 만나게 되었어요. 문왕은 강태공과 이야기를 주고받으며 강태공의 깊은 생각에 놀랐어요. 시골 노인인 줄만 알았는데 지식이 많아 거침없이 대답하는 것을 보고 예사로운 사람이 아니라는 것을 알았죠. 문왕은 강태공을 스승으로 모셔 갔어요.

그 후 강태공은 나라에 큰 공을 세워 제후로 임명을 받게 되었고 사람들의 존경도 받게 되었어요.

강태공을 떠나 떠돌이 생활을 하던 강태공의 부인이 우연히 강태공의 출세 소식을 듣게 되었어요. 강태공의 부인은 한걸음에 강태공을 찾아왔어요.

"여보, 제가 잘못했어요."

강태공의 부인이 강태공에게 두 손을 모으고 싹싹 빌었어요.

"저를 다시 받아 주신다면 앞으로 정말 잘할게요."

강태공은 부인을 보며 지그시 눈을 감았어요. 그리고 조용히 말했죠.

"부인, 나에게 물을 한 사발 떠다 주시오."

강태공의 부인은 얼른 부엌으로 달려 나가 물을 한 그릇 떠왔어요. 그런데 강태공은 물을 받아 들자마자 바닥에 쏟아 버렸어요. 부인은 영문을 몰라 얼떨떨한 눈으로 강태공을 바라봤어요.

"여기 쏟아진 물을 다시 주워 담아 보시오."

"네?"

"그렇게 할 수 있다면 나도 부인을 다시 받아들이겠소."

강태공의 부인은 그제야 강태공의 뜻을 눈치채고 깊은 한숨을 쉬었어요. 그리고 후회의 눈물을 흘리며 뒤돌아 갔지요.

이 일을 지켜본 사람들은 한 번 저지른 일을 다시 되돌릴 수 없을 때, "쏟아진 물"이라고 말하기 시작했답니다.

쏟아진 물

한 번 저지른 일은 다시 고치거나 되돌릴 수 없다는 뜻

쏟아진 물은 다시 주워 담을 수 없는 것처럼 한 번 뱉은 말도, 이미 저지른 일도 다시 되돌릴 수 없어요. 그러니 항상 말과 행동을 신중하게 하여 뒤늦은 후회를 하지 않도록 해요.

- 답안지를 잘못 적었다고 후회해도 소용없어. 이미 **쏟아진 물**인걸.
- 이미 **쏟아진 물**이지만……. 너한테 짜증 내고 화낸 거 미안해. 내가 사과할게.
- 동생이 그림을 망쳐 놔서 속상하겠구나. 그래도 어쩌겠니, 이미 **쏟아진 물**인걸.

 **동** 쏘아 놓은 화살이요 엎지른 물이다

이미 손에서 떠난 화살은 다시 되돌아오지 않아요. 엎지른 물도 주워 담을 수 없고요. 이렇게 다시 되돌릴 수 없는 경우를 가리킬 때 사용하는 속담이에요. 흔히 사용하는 '엎지른 물'이라는 관용구와도 뜻이 같지요.

 **비** 깨어진 그릇 맞추기

깨진 그릇을 빈틈없이 맞춰 놓는다고 다시 사용할 수 있을까요? 아마 그릇에 물을 부으면 곳곳으로 물이 새어 나올 거예요. 이처럼 한 번 그릇된 일은 다시 되돌리려 애를 써도 처음으로 돌아가기 쉽지 않답니다.

역사와 만난 속담

신라와 당나라가 수많은 군사를 이끌고 백제를 공격해 왔어요. 다급해진 백제의 의자왕은 신하들을 모아 대책을 의논했어요.

"폐하, 일찍이 성충은 적들이 쳐들어오면 길이 좁고 험한 탄현에서 막아 내야 한다고 했습니다."

"무슨 소리요? 성충은 감옥에 갇힌 죄인인데 어찌 그의 말을 듣는단 말이오?"

신하들의 의견이 서로 엇갈렸어요. 의자왕도 갈팡질팡 어쩔 줄 몰랐죠. 그 사이 신라와 당나라의 연합군은 이미 탄현을 지나 백제 깊숙이 들어와 손쓸 수 없었어요.

"내가 간신들의 말만 듣고 신하 성충이 진심으로 한 말을 믿지 않았구려. 그때 탄현에서 적군을 막았어야 했는데……. 이미 **쏟아진 물**이니 이를 어쩌면 좋겠소?"

의자왕이 근심스러운 얼굴로 계백 장군을 바라봤어요.

"폐하, 저에게는 오천 명의 결사대가 있습니다. 제가 그들과 함께 목숨을 걸고 적들을 막아 내겠습니다."

계백 장군이 비장한 목소리로 말했어요. 그러자 의자왕은 계백 장군의 손을 꼭 잡았어요.

"장군에게 백제의 앞날이 달려 있소."

계백 장군은 오천 명의 결사대를 이끌고 황산벌로 갔어요. 그곳에서 오만 명이 넘는 신라의 군사와 맞닥뜨렸죠. 계백 장군과 오천 결사대는 불리한 상황에서도 신라군과 맞서 끝까지 싸웠어요. 하지만 열 배가 넘는 적을 상대하기란 쉽지 않았죠. 결국, 계백 장군은 황산벌에서 전사하고 백제는 신라에 멸망하고 말았답니다.

본받고 따라야 할 속담

- 미운 아이 떡 하나 더 준다
- 백지장도 맞들면 낫다
- 우물을 파도 한 우물을 파라
- 티끌 모아 태산
- 호랑이에게 물려 가도 정신만 차리면 산다

미운 아이 떡 하나 더 준다

맹구 덕분에 먹게 된 떡

맹구는 온 동네에서 유명한 말썽꾸러기였어요.
어제는 새를 잡겠다고 돌을 던져 남의 집 장독을 깨더니, 오늘은 깨끗하게 빨아 놓은 빨래에 온통 흙칠을 해 놓았죠. 서당에서도 하루가 멀다고 장난을 치다 훈장님께 혼나는 게 일이었어요.
"맹구, 이 녀석!"
훈장님이 서당이 떠나가라 큰 소리로 호통을 쳤어요. 마루에는 훈장님이 아끼던 도자기가 산산조각이 난 채 사방으로 흩어져 있었죠.

"일부러 그런 게 아니고, 도자기가 하필 거기 있었다니까요!"

맹구는 한마디도 지지 않고 말대꾸를 하며 쌩하고 달아났어요. 그리고는 서당 뒤뜰에 몰래 숨어서 훈장님 화가 가라앉기를 기다렸어요.

"아함! 심심해. 뭐 재미있는 것 없나?"

맹구가 입이 찢어져라 하품을 했어요. 그때, 맹구 눈에 서당 담장에 주렁주렁 달린 노랗게 잘 익은 호박이 보였어요. 맹구는 당장 나뭇가지를 들고 와 호박을 푹 찔렀어요. 늙은 호박은 금방 구멍이 뻥 뚫렸죠. 맹구는 재미 삼아 이리저리 다니며 이 호박, 저 호박에 구멍을 죄다 뚫었어요.

"아이고, 이 귀한 호박을!"

훈장님은 아이들이 다 돌아간 저녁이 되어서야 맹구가 저질러 놓은 일을 알게 되었어요.

다음 날, 서당에서 들썩들썩 떡 잔치가 열렸어요.
"오늘은 책씻이가 있는 날도 아닌데 웬 떡이지?"
서당 아이들은 호박이 들어간 달콤한 떡을 나눠 먹으며 조잘조잘 떠들어 댔어요. 도자기에 이어 호박까지 망쳐 놓은 맹구도 아무 일 없었다는 듯 시시덕거리며 실컷 떡을 먹었지요.
때마침 훈장님이 뒷짐을 진 채 맹구 앞에 떡하니 버티고 섰어요. 맹구는 떡을 먹다 말고 살살 눈치를 봤어요. 훈장님이 금방이라도 자기 머리통을 콕! 쥐어박을 것만 같았거든요.
그런데 이게 어찌 된 일이래요? 훈장님 손에는 매가 아니라 따끈한 떡이 있었어요.

"네 덕분에 먹는 호박떡이니 이 떡 하나 더 먹거라."

맹구가 씩 웃으며 떡을 냉큼 받아 쥐었어요. 그리고 신이 나서 후다닥 마당으로 뛰어나갔지요.

"저런 말썽꾸러기는 회초리로 따끔하게 혼을 내야지요! 미운 놈에게 떡은 왜 더 주십니까?"

훈장님을 돕던 접장이 투덜대자 훈장님이 허허 웃으며 말했어요.

"미운 놈이라고 혼내기만 하면 더 못되게 굴기 마련이란다. 미운 놈일수록 더 잘해 줘야 나쁜 마음도 안 쌓이고, 미안한 마음이 들어 더 잘하게 되지 않겠느냐?"

훈장님은 그 후로도 좋은 것이 생길 때마다 맹구를 먼저 챙겨 주셨어요. 그러자 정말 훈장님 말씀대로 맹구가 말썽을 부리는 일이 점점 줄어들었지요.

이렇듯 "미운 놈 떡 하나 더 준다."라는 속담은 미운 사람일수록 잘해 주고 감정을 쌓지 않아야 한다는 뜻이랍니다.

미운 아이 떡 하나 더 준다

미운 사람일수록 잘해 주어야 엇나가지 않는다는 뜻

말썽꾸러기 친구에게는 자꾸 잔소리하고 구박하게 되지요? 하지만 그렇게 퉁명스레 친구를 대하면 친구와 사이만 나빠질 뿐이에요. 그럴 때일수록 더 친절하고 부드럽게 잘 대해 보세요. 어느새 미운 마음도 사라지고 말썽꾸러기 친구도 내 편이 되어 있을 거예요.

- 누나! 이 닭 다리는 **미운 아이 떡 하나 더 준다**는 마음으로 주는 거야, 알지?
- **미운 아이 떡 하나 더 준다**는 마음으로 잘해 줬더니 요즘에는 짝꿍이 괴롭히질 않아.
- 내 물건을 부러뜨린 건 화나지만, 용서해 줄게. **미운 아이 떡 하나 더 준다**는 말도 있으니까.

비 미운 사람에게는 쫓아가 인사한다
미운 사람이면 그냥 지나치고 싶을 텐데 굳이 쫓아가 인사를 한다는 것은 떡 하나 더 주는 것처럼 잘해 주고 감정을 쌓지 않는다는 뜻이랍니다.

반 예쁜 자식 매로 키운다
사랑하는 자식일수록 바르게 자라길 바라는 마음으로 엄하게 키워야 한다는 뜻이에요. 미운 아이에게는 떡을 주고 예쁜 자식에게는 매를 주니 서로 반대되는 것처럼 보이죠? 하지만 두 속담 모두 자식이 잘되기를 바라는 마음이 담긴 속담이랍니다.

백지장도 맞들면 낫다

함께 하면 더 쉬운 일

"막둥아, 너도 오늘부터 종이 만드는 일을 돕거라."

아버지가 아침 일찍 막둥이를 깨웠어요. 막둥이는 자다 말고 벌떡 일어나 앉았어요.

"정말이요?"

막둥이는 잔뜩 기대에 부풀어 아침도 먹는 둥 마는 둥 했지요.

"추운 겨울에 종이 만드는 일이 뭐가 그리 좋다고 설레발이냐?"

형이 자꾸 재촉하는 막둥이를 보며 퉁바리를 놓았어요. 그래도 막둥이는 실실 웃기만 했어요. 이제 제 몫을 할 만큼 다 자란 것 같아 가슴이 뿌듯했거든요.

"철모르고 놀 때가 좋은 줄이나 알아라."

형이 닥방망이를 들고 앞장서며 말했어요. 막둥이는 콧노래를 부르며 형 뒤를 쫄래쫄래 따라갔어요.

"툭! 탁! 툭! 탁!"

막둥이가 쪄서 말려 놓은 닥나무 속껍질을 닥방망이로 두들겼어요. 곱은 손을 녹이려고 입김까지 호호 불어 가며 열심히 방망이질을 했지요.

닥나무 속껍질이 솜처럼 몽실몽실하게 되자 형이 지통에 넣고 닥풀과 함께 골고루 섞었어요.

"종이뜨기는 내가 할래!"

막둥이는 어깨너머로 보았던 종이뜨기를 꼭 해보고 싶었어요. 하지만 형은 어림도 없다며 자리를 내주지 않았어요. 막둥이는 입이 댓 발 나와서 뚱한 얼굴을 했어요.

"넌 쉬운 일부터 배워."

형은 막둥이를 데리고 밖으로 나갔어요. 밖에는 나무판 위에 올려진 종이가 잘 마르고 있었어요.

"치! 이 정도 쉬운 일은 나 혼자서도 할 수 있어."

"그래도 내가 도와주는 게 훨씬 쉬울 텐데."

"괜찮아!"

막둥이가 큰소리를 땅땅 쳤어요. 그리고 나무판 위의 종이를 살살 떼어 냈죠.

"이야, 하얀 백지장이다!"

막둥이가 햇빛에 비친 하얀 종이를 보고 감탄했어요.

막둥이는 행여나 백지장에 흙이 묻을까 봐 조심조심 내려놓았어요. 그런데 아무리 잘 놓으려고 해도 이리 펄럭 저리 펄럭이는 바람에 귀퉁이를 맞춰 쌓을 수가 없었어요.

"어? 이게 왜 이러지?"

막둥이가 당황해서 형을 바라봤어요.

"거 봐! 혼자 하려니까 잘 안 되지?"

형은 막둥이가 들고 있는 백지장의 귀퉁이를 맞잡아 주었어요. 그러자 종이가 쫙 펴지면서 차곡차곡 쌓아 놓을 수 있게 되었죠.

"히히, 쉬운 일도 서로 도와서 하니 훨씬 쉽네!"

막둥이가 형을 보며 씩 웃었어요.

"백지장도 맞들면 낫다."라는 속담은 쉬운 일이라도 협력하여 하면 훨씬 더 쉬워진다는 뜻이랍니다.

백지장도 맞들면 낫다

'백지장'은 흰 종이 한 장을 말해요.
'맞들다'는 마주 든다는 말이지요.

아무리 쉬운 일이라도 서로 힘을 합하면 훨씬 쉽다는 뜻

쉬운 일이라도 누군가 옆에서 도와주겠다고 나서면 참 고맙게 느껴지지요? 혼자서 할 수도 있지만 함께하면 더 즐겁고 기운이 나잖아요. 어려운 일이든 쉬운 일이든 힘을 합한다는 것은 서로에게 좋은 일임에 틀림없답니다.

- 형! **백지장도 맞들면 낫다**는데 내 짐 좀 같이 들어 줘.
- 우리 같이 해결 방법을 찾아보자! **백지장도 맞들면 낫다**잖아.
- **백지장도 맞들면 낫다**잖아. 책상은 혼자 들고 가는 것보다 같이 들어야 안전하게 빨리 옮길 수 있어.

비 비슷해요

동냥자루도 마주 벌려야 들어간다
'동냥'은 거지가 돌아다니면서 밥이나 돈을 거저 달라고 비는 것을 말해요. '동냥자루'는 동냥한 물건을 넣는 자루지요. 자루에 물건을 넣는 일이 어려운 것은 아니지만 마주 잡고 벌리면 더 쉽게 할 수 있어요. 그러니까 이 속담은 간단한 일이라도 서로 협조하여야 잘된다는 뜻이지요.

열의 한술 밥이 한 그릇 푼푼하다
'푼푼하다'는 말은 모자람이 없이 넉넉하다는 뜻의 순우리말이에요. 열 사람이 한 숟가락씩 보태서 넉넉한 밥 한 그릇을 만든다는 뜻으로, 여럿이 각각 조금씩 도와주어 큰 보탬이 된다는 것을 이르는 속담이랍니다. 십시일반(十匙一飯)이라는 성어로도 자주 사용해요.

우물을 파도 한 우물을 파라

두 총각의 우물 파기 시합

옛날, 어느 고을에 오래된 우물이 하나 있었어요. 그런데 어느 날부턴가 우물물이 점점 마르기 시작하는 거예요. 고을을 다스리는 원님은 날마다 줄어드는 우물물 때문에 밤잠까지 설쳤어요.

"농사를 지으려면 물이 꼭 필요한데 큰일이군. 이러다 먹을 물도 없어지겠어."

머리를 싸매고 고민하던 고을 원님이 새 우물을 파는 사람에게 암소 한 마리를 주겠다고 방을 붙였어요.

"우물 파는 일쯤이야! 물이 펑펑 나오는 새 우물을 금방 팔 테니 암소나 준비하십시오."

무슨 일이든 의욕이 넘치고 마음 급한 떠버리 총각이 자신만만한 목소리로 떠벌렸어요.

"마침 암소가 필요했는데 잘되었군. 그런데 어디를 파야 우물물이 나올까?"

성격이 진득한 총각도 조심스레 우물 파기에 나섰지요.

아침 해가 뜨자마자, 떠버리 총각은 삽을 들고 설레발을 쳤어요. 벌써 암소 한 마리를 받기라도 한 듯 신이 나서 쑥쑥 땅을 파내려갔지요.

반대로 진득한 총각은 신중하게 우물 팔 장소부터 골랐어요.

"마을 입구와도 가깝고 산에서 내려오는 물줄기가 지하로 흐르니 여기가 좋겠군!"

두 총각은 온몸이 땀투성이가 되도록 열심히 우물을 팠어요. 단단한 땅을 파헤치고 돌을 들어내는 일은 생각만큼 쉽지 않았어요.

그래도 풀풀 날리는 먼지를 뒤집어쓰고 반나절을 쉬지 않고 팠어요.

"에잇! 이렇게 팠는데 물기 하나 없다니! 여기는 물이 나올 것 같지 않아."

성급한 떠버리 총각이 고개를 절레절레 흔들었어요. 자기 키만큼 파 내려갔는데도 물 한 방울 보이지 않았거든요. 떠버리 총각은 미련 없이 다른 곳으로 자리를 옮겼어요.

진득한 총각이 파는 우물도 물 한 방울 안 나오기는 마찬가지였어요.

"그래도 이왕 파기 시작했으니 조금만 더 파 보자."

진득한 총각은 처음 그 자리에서 더 깊이깊이 파 내려갔어요.

"안 된다 싶으면 일찌감치 포기할 줄도 알아야지!"

떠버리 총각은 진득한 총각을 비웃으며 여기저기 조금씩 파다 말고 계속 자리를 옮겼어요.

"떠버리 총각이 더 현명한 거 아닌가? 되는 곳을 파야지."

"무슨 소리! 우물을 파도 한 우물을 파야지 여기저기 옮겨 다니면 나올 물도 안 나올걸?"

마을 사람들은 떠버리 총각 편과 진득한 총각 편으로 나뉘어 서로를 응원했어요.

"물이다! 여기 물이 솟아오른다!"

먼저 물길을 찾아낸 것은 진득한 총각이었어요. 깊은 구덩이 안에서 샘물이 퐁퐁퐁 솟아났죠.

마을 사람들도 고을 원님도 물이 나왔다는 소리를 듣고 헐레벌떡 달려왔어요.

　　"허허허! 이제 물 걱정은 안 해도 되겠군! 진득한 저 총각에게 암소 한 마리를 가져다주거라!"

　　진득한 총각은 튼튼한 암소 한 마리를 상으로 받아 덩실덩실 어깨춤을 추며 집으로 갔어요. 한편, 떠버리 총각은 이곳저곳 파헤쳤던 구덩이를 보며 머리만 긁적였지요.

　　"우물을 파도 한 우물을 파라."라는 속담은 하던 일을 자주 바꾸면 아무런 성과가 없으니 무슨 일이든 한 가지 일을 끝까지 해야 성공할 수 있다는 말이랍니다.

우물을 파도 한 우물을 파라

한 가지 일을 꾸준히 해야 성공할 수 있다는 뜻

피아노를 배우다 힘들면 그만두고, 태권도도 배우다 하기 싫으면 그만두고. 그러다 보면 아무것도 제대로 배울 수 없겠지요? 어떤 일이든지 중간에 포기하지 말고, 끝까지 해야 원하는 결과를 얻을 수 있어요.

속담! 꿰어야 보배

- **우물을 파도 한 우물을 파라**는 말이 있듯이 이번에는 수영을 끝까지 배워 볼 생각이야.
- **우물을 파도 한 우물을 파랬다고** 한 번 하겠다고 마음먹었으니 끝까지 도전해 보는 거야!
- 오늘은 선생님이 꿈, 내일은 가수가 꿈. 이렇게 해서 꿈을 이룰 수 있겠니? **우물을 파도 한 우물을 파야지!**

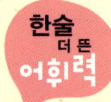

한술 더 뜬 어휘력

비 비슷해요 **쥐도 한 구멍을 파야 수가 난다**
'수가 난다'는 말은 가능성이 생긴다는 뜻이에요. 결국, 한 구멍을 파야 뭔가 이룰 수 있다는 뜻이지요. 이 속담은 한 가지 일을 꾸준하게 하다 보면 성공할 때가 있다는 뜻을 가진 북한 속담이랍니다.

성 같은 성어 **우공이산**(愚公移山: 愚 어리석을 우, 公 공 공, 移 옮길 이, 山 산 산)
옛날에 우공이라는 노인이 살고 있었는데 집 앞을 가로막고 있는 큰 산 때문에 불편했대요. 그래서 가족과 함께 흙을 퍼 날라 산을 옮겼다는 이야기에서 유래한 성어지요. 남들이 보기에 어리석어 보여도 끝까지 노력하면 반드시 성공한다는 뜻을 담고 있답니다.

역사와 만난 속담

고려 말, 왜구는 툭하면 바닷가 사람들을 죽이고 재물을 빼앗아 갔지요.
"어떻게 하면 백성이 왜구에게 시달리지 않고 편히 살 수 있을까?"
최무선은 늘 왜구를 물리칠 방법을 생각했어요.
'그래! 화약을 만들어 보자. 화약만 있다면 왜구의 배를 쉽게 물리칠 수 있을 거야!'
하지만 화약 만드는 일은 쉽지 않았어요. 그 당시 화약 만드는 기술은 원나라만 알고 있었거든요. 원나라는 화약 만드는 기술을 절대 가르쳐 주지 않았어요.
최무선은 화약 만드는 법을 알아내기 위해 여러 가지 방법을 연구했어요. 실패에 실패를 거듭하며 오랜 시간을 흘려보냈지만, 절대 포기하지 않았죠.
그러다 마침내 원나라 사람인 이원을 통해 염초 만드는 방법을 알게 되었어요. 염초는 화약을 만들 때 꼭 필요한 원료였어요.
"이제 이 염초에 유황과 숯을 섞기만 하면……."
최무선은 감격에 겨워 차마 말을 잇지 못했어요. 20년 동안 끊임없이 노력한 결과가 바로 눈앞에 있었으니까요.
드디어 최무선이 화약을 만들어 냈어요. 이 화약 덕분에 고려는 왜구를 쉽게 물리칠 수 있게 되었지요.
"우물을 파도 한 우물을 파라고, 화약 만드는 일에만 매달리더니 드디어 해냈군."
사람들은 최무선을 보며 입을 모아 말했어요. 최무선은 끈기와 집념으로 우리나라 역사상 최초로 화약을 만들어 냈답니다.

173

티끌 모아 태산

작은 부스러기로 만든 태산

옛날 옛날, 아주 오랜 옛날에 땅이 막 생길 때였어요. 하늘나라에 사는 태백은 하늘님의 명령을 받고 세상 곳곳에 산을 만들었지요.

"산이 있어야 나무도 자라고 동물이 숨어 살 곳도 생기지."

태백은 자신이 하는 일이 정말 자랑스러웠어요. 그래서 날마다 콧노래를 불러 가며 다양한 모양의 산을 만들어 놓았어요.

태백이 만든 산은 뾰족한 것도 있고, 꼭대기가 평평한 것도 있었어요. 또 산끼리 연결하기도 하고, 쭉 이어지다가 뚝 끊어지게도 하였죠. 하늘나라 사람들은 날마다 태백을 찾아와 태백이 만들어 놓은 아름다운 산을 구경했어요.

"오늘은 바다 위에 산을 만들어 놓았군."

"돌로 만든 산도 있네?"

하늘나라 사람들이 세상을 내려다보며 이 산, 저 산을 가리켰어요.

"그런데 이건 뭔가?"

수염이 길게 난 할아버지가 태백이 옆에 모아 놓은 티끌을 보고 물었어요.

"산을 만들고 남은 부스러기와 먼지예요."
"그런데 이걸 왜 안 버리고 모아 두지?"
하늘나라 사람들이 궁금하다는 듯 태백을 빤히 쳐다봤어요.
"잘 모아 두었다가 또 산을 만들려고요."
"허허! 이걸 모아서 언제 산을 만들려고 하나?"
하늘나라 사람들이 기가 찬 듯 헛웃음을 지었어요. 심지어 태백이 어리석고 조금 모자란 구석이 있다며 흉을 보는 사람도 있었지요. 그래도 태백은 신경 쓰지 않고 티끌을 창고에 잘 모아 두었어요.
　태백이 만드는 산이 많아질수록 티끌도 점점 늘어났어요. 태백은 하나의 부스러기, 작은 먼지도 버리지 않고 소중하게 모아 창고에 넣어 두었어요. 그리고 더는 넣을 수 없을 만큼이 되자 티끌을 모두 모아 산을 만들기 시작했죠.

마침내 태백이 만든 산이 세상에 세워졌어요. 티끌을 모아 만든 산은 그동안 만든 산보다 훨씬 크고 높았어요. 하늘님은 작은 것도 아끼고 활용할 줄 아는 태백을 크게 칭찬했어요.

"저 산의 이름은 훌륭한 태백의 이름을 따서 태산이라고 해야겠구나."

하늘님은 산에 이름까지 지어 주었어요. 그러자 그때까지 태백을 어리석다고 놀리던 사람들도 태백을 인정하게 되었지요.

"작은 것도 소중하게 여길 줄 알더니 결국 큰일을 해냈군!"

"그러게. 티끌 모아 태산이 될 줄 누가 알았나? 정말 대단해!"

이처럼 아무리 작은 것이라도 모이고 모이면 나중에 큰 것이 되는 것을 보고 "티끌 모아 태산"이라고 한답니다.

티끌 모아 태산

'티끌'은 먼지나 모래 같은 부스러기를 말해요.
'태산'은 높고 큰 산을 말하지요.

작은 것이라도 모이고 모이면 나중에 큰 것이 된다는 뜻

작고 보잘것없는 것이라고 하찮게 여기지 마세요. 돼지 저금통에 동전 한 닢 한 닢을 모아 큰돈을 만들 수 있는 것처럼 작은 것도 모이고 모이면 커다란 가치를 가지는 법이랍니다.

- **티끌 모아 태산**이라고 지금부터 백 원, 이백 원씩 모으다 보면 나중에는 큰돈이 되겠지?
- **티끌 모아 태산**이라더니 카드를 한 장, 두 장 사 모으다 보니 벌써 한 상자 가득 찼어.
- 물 한 방울도 절약해야지. **티끌 모아 태산**이라고 허투루 쓴 물이 모이면 엄청난 양의 물이 낭비되는 거야.

비 **실도랑 모여 대동강이 된다**

'실도랑'은 매우 좁고 작은 개울이고 '대동강'은 평안남도에 있는 아주 큰 강이에요. 이 속담은 작은 개울이 모여 큰 강을 이룬다는 뜻으로 "티끌 모아 태산"과 같은 의미랍니다.

낙숫물이 댓돌을 뚫는다

'낙숫물'은 처마 끝에서 방울방울 떨어지는 물을 말해요. '댓돌'은 처마 밑에 두었던 커다란 돌인데 신발을 올려놓는 곳이기도 했지요. 이 속담은 한 방울씩 떨어지는 물이 큰 돌을 뚫는다는 것이니, 작은 힘이라도 꾸준히 계속하면 큰일을 이룰 수 있다는 뜻이에요.

역사와 만난 속담

왜는 중국 명나라로 가는 길을 내어 달라는 말도 안 되는 이유를 내세워 조선을 침략해 왔어요. 조선은 몰려오는 왜군에 속수무책으로 당했지요.

다행히 명나라가 조선에 지원군을 보냈지만, 명나라 군사가 평양에서 주춤하는 사이, 왜군은 행주산성을 포위했어요.

이때, 행주산성에는 권율 장군이 2천 3백여 명의 군사를 이끌고 있었어요.

"왜군은 3만 명이 넘는대."

행주산성에 피해 있던 사람들이 술렁이며 불안해했어요. 권율 장군도 어떻게 하면 적은 수의 병사로 수많은 왜군을 물리칠까 고민에 빠졌어요.

"장군님, 저희도 싸울 수 있게 해 주세요."

막사 밖에서 여인들의 목소리가 들렸어요. 여인들은 돌멩이를 들고 서 있었지요.

"여기가 애들 놀이터인 줄 아시오? 무슨 돌멩이를 던지고 싸우겠다는 건지."

병사들이 콧방귀를 뀌었어요. 하지만 권율 장군은 망설임 없이 허락했어요.

"좋습니다! **티끌 모아 태산**이라고 작은 힘이라도 모이면 큰 도움이 될 것입니다."

권율 장군은 여인들도 함께 힘을 다해 나라를 지켜 달라고 당부했어요. 드디어 왜군이 몰려오기 시작하자 권율 장군이 총공격을 명령했어요. 여인들은 긴 치마를 짧게 잘라 입고 돌을 날랐어요. 병사들도 힘을 얻어 죽을 각오로 싸웠지요. 결국, 권율 장군은 10배가 넘는 왜군과 싸워 큰 승리를 거두었어요. 이것이 바로 행주대첩이랍니다.

호랑이에게 물려 가도 정신만 차리면 산다

호랑이 형님을 만난 나무꾼

추운 겨울날, 가난한 나무꾼이 지게를 지고 집을 나섰어요. 늙은 어머니를 위해 보리죽이라도 끓이려면 나무를 해다 팔아야 하니까요.

나무꾼은 깊은 산 속에서 부지런히 나무를 모았어요.

"해가 지기 전에 산에서 내려가려면 서둘러야겠구나."

나무꾼이 지게 위에 나무를 꽁꽁 묶고 있을 때였어요.

"어흥!"

집채만 한 호랑이 한 마리가 마른 수풀 속에서 불쑥 나타났어요.

나무꾼은 호랑이를 보자마자 온몸이 바들바들 떨렸어요. 마른침을 꼴깍 삼키며 아무리 진정하려고 해도, 후들거리기 시작한 다리가 말을 듣지 않았죠.

'아이고, 나는 이제 호랑이에게 물려 죽겠구나!'

나무꾼은 두 눈을 질끈 감고 그 자리에 털썩 주저앉았어요.

'아니지! 내가 여기서 죽으면 돌볼 사람 하나 없는 불쌍한 우리 어머니도 굶어 죽을 거야.'

나무꾼은 홀로 계신 어머니 생각에 정신이 번쩍 났어요. 나무꾼은 재빨리 호랑이 앞에 넙죽 엎드렸어요.

"아이고, 형님! 형님을 이렇게 뵙게 되다니 꿈만 같습니다."

호랑이는 나무꾼의 갑작스러운 행동에 어안이 벙벙했어요. 무척 배가 고팠던 터라 나무꾼을 한입에 꿀꺽할 생각이었는데 느닷없이 형님이라니 기가 막혔지요.

"이놈! 나는 호랑이고 너는 사람인데 내가 어떻게 네 형님이냐?

거짓말도 그럴듯해야 믿지?"

호랑이가 큰 소리로 나무랐어요. 그래도 나무꾼은 오히려 반가운 듯 호랑이 앞발을 덥석 잡았어요.

"저도 처음에는 어머니 말씀이 거짓말인 줄 알았습니다. 그런데 이렇게 형님을 직접 뵈오니 어머님 말씀이 거짓말이 아니었지 뭡니까?"

호랑이는 나무꾼이 무슨 얼토당토아니한 말을 하나 싶어 가만히 노려보았어요.

"어머님이 말씀하시길, 형님은 어린 시절 도사의 술법에 걸려 호랑이가 되었다고 하셨습니다. 그러니 산에서 눈썹이 길고 꼬리에 상처가 난 호랑이를 만나거든 틀림없는 너의 형님이니 꼭 사연을 이야기해 주라고 하셨지요."

나무꾼은 눈물까지 글썽였어요. 호랑이는 어쩌면 나무꾼 말이 맞을지도 모른다는 생각이 들었어요. 그리고 보니 아주 어렸을 때부터 꼬리에 상처가 있었거든요. 왜 상처가 났었는지는 기억나지 않지만 말이에요.

"형님이 배가 고프시다면 저를 잡아먹어도 되지만 집에서 형님을 기다리다 몸져누우신 어머님을 생각하면……."

나무꾼이 어깨를 들썩이며 닭똥 같은 눈물을 흘렸어요. 차가운 방에 홀로 계신 어머니를 생각하니 정말로 마음이 아팠거든요.

"내가 아무리 사람 잡아먹는 호랑이지만 동생까지 잡아먹을 수야

없지!"

　호랑이는 꼬리를 내리고 돌아섰어요. 나무꾼이 그럴듯하게 꾸며 댄 말에 깜빡 속아 넘어간 것이지요.

　나무꾼은 그 틈에 걸음아 날 살려라 하고 허위허위 산에서 내려왔답니다.

　이처럼 "호랑이에게 물려 가도 정신만 차리면 산다."라는 속담은 아무리 위급한 경우를 당하더라도 정신만 똑똑히 차리면 위기를 벗어날 수 있다는 뜻이랍니다.

호랑이에게 물려 가도 정신만 차리면 산다

위급한 상황이라도 정신만 차리면 위기를 벗어날 수 있다는 뜻

위급한 상황에서 우왕좌왕하다 보면 더 위험해 질 수 있어요. 그럴 때 일수록 당황하지 말고 침착하게 차분히 생각하고 행동해 보세요. 그럼 반드시 해결책을 찾을 수 있을 거예요.

속담! 꿰어야 보배

- 힘 내! 호랑이에게 물려 가도 정신만 차리면 산다잖아. 분명 해결 방법이 있을 거야.
- 다음이 네 차례라고? 호랑이에게 물려 가도 정신만 차리면 산대. 무대에 올라가도 떨지 말고 잘해!
- 호랑이에게 물려 가도 정신만 차리면 산다더니 1학년 꼬마가 위급한 상황에서도 침착하게 119에 신고했다지 뭐야.

한술 더 뜬 어휘력

 **비** (비슷해요) **하늘이 무너져도 솟아날 구멍이 있다**
하늘이 무너지는 것 같은 어려운 일을 당해도 결국에는 살아 나갈 방법이 생긴다는 뜻이에요. 아무리 어렵고 힘든 상황이라도, 또 당장 큰 일이 생길 것 같은 위급한 상황이라도 결국 해결할 방법은 있답니다.

 **참** (참고 자료) **속담에 자주 등장하는 호랑이**
우리나라에는 호랑이와 관련된 속담이 참 많아요. "호랑이도 제 말 하면 온다.", "호랑이 담배 피울 적"처럼 말이에요. 또 속담뿐만 아니라 옛이야기에도 호랑이가 자주 등장하지요. 이처럼 호랑이가 자주 등장하는 것은 그만큼 우리 조상들에게 두렵고도 친근한 존재였기 때문이랍니다.

역사와 만난 속담

왜군이 수많은 배를 이끌고 조선을 공격하자 나라에서는 이순신을 삼도수군통제사로 불러들였어요. 그동안 이순신은 왕의 명령을 어겼다는 죄목으로 억울하게 옥에 갇혀 있었지요.

이순신이 돌아왔을 때, 배는 12척밖에 남아 있지 않았어요. 왜군은 130척이 넘는 배를 몰고 왔는데 말이에요.

"장군! 왜적들이 명량으로 들어오고 있다고 합니다."

한 병사가 헐레벌떡 뛰어와 상황을 알렸어요. 이순신 장군은 병사들에게 출전 명령을 내렸어요. 그리고는 기다렸다는 듯 앞장서 나아갔어요.

"호랑이에게 물려 가도 정신만 차리면 산다고 했다! 위급한 상황일수록 정신 바짝 차리고 모두 나를 따르라!"

이순신 장군의 목소리가 우렁차게 울려 퍼졌어요. 사기가 떨어졌던 군사들은 이순신 장군을 따라 일제히 함성을 지르며 죽을 각오로 전쟁에 나섰지요.

명량 앞바다에서 맞닥뜨린 조선의 수군과 왜군은 엎치락뒤치락 뒤엉켜 싸웠어요.

"잠시 후면 물의 흐름이 바뀔 것이다. 그때까지만 버텨라!"

과연 이순신 장군의 말처럼 명량 앞바다의 물 흐름이 바뀌더니 물살이 점점 거세졌어요. 왜군의 배는 좁은 바다에서 서로 부딪히며 얽히고설켰죠.

바로 그때, 조선의 총공격이 시작되었어요. 결국, 조선의 수군은 10배 이상의 적을 물리치고 큰 승리를 거두었어요. 이것이 세계적으로 유명한 해전, 명량 대첩이랍니다.

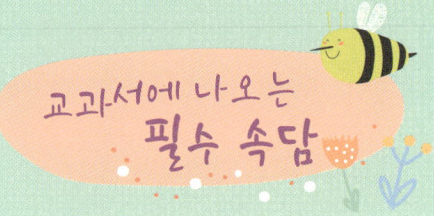

교과서에 나오는 필수 속담

가는 날이 장날
어떤 일을 하려고 하는데 뜻하지 않은 일을 당하게 됨을 비유적으로 이르는 말
가는 날이 생일

가랑비에 옷 젖는 줄 모른다
아무리 사소한 것이라도 거듭되면 크게 됨을 비유적으로 이르는 말

가재는 게 편
서로 비슷한 것끼리 감싸 주기 쉬움을 비유적으로 이르는 말

김칫국 먹고 수염 쓴다
시시한 일을 하고서 큰일을 한 것처럼 으스대는 것을 비유적으로 이르는 말
냉수 먹고 갈비 트림 한다

김칫국 채어 먹은 거지 떨듯
남들은 그다지 추워하지도 않는데 혼자 추워서 덜덜 떨고 있다는 말

꽃이 고와야 나비가 모인다
상품이 실하고 좋아야 손님이 많이 모인다는 말
내 딸이 고와야 사위를 고르지

나그네 먹던 김칫국도 먹자니 더럽고 남 주자니 아깝다
자기에게 소용이 없으면서도 남에게는 주기 싫은 인색한 마음을 비유적으로 이르는 말
나 먹기는 싫어도 남 주기는 아깝다

남의 눈에 눈물 내면 제 눈에는 피눈물이 난다
남에게 나쁜 짓을 하면 자기는 그보다 더한 벌을 받게 됨을 비유적으로 이르는 말

달걀로 바위 치기
대항해도 도저히 이길 수 없는 경우를 비유적으로 이르는 말
바위에 머리 받기

닭 쫓던 개 지붕 쳐다보듯
하던 일이 실패로 돌아가 어찌할 도리가 없이 됨을 비유적으로 이르는 말
닭 쫓던 개 울타리 넘겨다보듯

도둑이 제 발 저리다
지은 죄가 있으면 지레 겁을 먹고 마음이 조마조마해짐을 비유적으로 이르는 말
도적은 제 발이 저려서 띈다

두 손뼉이 맞아야 소리가 난다
손뼉도 마주쳐야 소리가 나듯이 서로 뜻이 맞아야 무엇이든 이루어질 수 있다는 말
도둑질을 해도 손발이 맞아야 한다

말 한마디에 천 냥 빚도 갚는다
말만 잘하면 어려운 일도 해결할 수 있다는 말

말로는 못할 말이 없다
책임이 뒤따르지 않는 말은 무슨 말이든지 다 할 수 있다는 말

목마른 놈이 우물 판다
제일 급한 사람이 그 일을 서둘러 하게 되어 있다는 말
갑갑한 놈이 송사한다

믿는 도끼에 발등 찍힌다
믿었던 사람이 배반하여 해를 입음을 비유적으로 이르는 말
낯익은 도끼에 발등 찍힌다

바늘 가는 데 실 간다
바늘과 실의 관계처럼 사람 사이의 긴밀한 관계를 비유적으로 이르는 말
구름 갈 제 비가 간다

빈 수레가 요란하다
실속 없는 사람이 겉으로 더 떠들어 댐을 비유적으로 이르는 말
속이 빈 깡통이 소리만 요란하다

사공이 많으면 배가 산으로 간다
여러 사람이 자기주장만 내세우면 일이 제대로 되기 어려움을 비유적으로 이르는 말

사람은 지내봐야 안다
사람의 마음은 오랫동안 지내보아야 알 수 있음을 이르는 말
사람은 겪어 보아야 알고 물은 건너 보아야 안다

수박 겉핥기
사물의 속 내용은 모르고 겉만 건드리는 일을 비유적으로 이르는 말
꿀단지 겉핥기

아 해 다르고 어 해 다르다
같은 내용의 이야기라도 이렇게 말하여 다르고 저렇게 말하여 다르다는 말

아니 땐 굴뚝에 연기 날까
원인이 없으면 결과가 있을 수 없음을 비유적으로 이르는 말
아니 때린 장구 북소리 날까

약방에 감초
어떤 일에 빠짐없이 끼어드는 사람이나 물건을 비유적으로 이르는 말

양반 김칫국 떠먹듯
아니꼽게 점잔을 빼는 사람을 보고 이르는 말

열무김치 맛도 안 들어서 군내부터 난다
어른이 되기 전에 못된 버릇부터 배워 건방 떠는 경우를 비꼬는 말
시지도 않아서 군내부터 먼저 난다

입에 쓴 약이 병에는 좋다
자기에 대한 충고나 비판은 듣기 싫지만 자기 수양에 도움을 줌을 이르는 말
입에 쓴 약이 병을 고친다

자라 보고 놀란 가슴 솥뚜껑 보고 놀란다
어떤 사물을 보고 놀란 사람은 비슷한 것만 보아도 겁을 냄을 이르는 말
더위 먹은 소 달만 보아도 헐떡인다

작은 고추가 더 맵다
작은 사람이 큰 사람보다 재주가 뛰어나고 야무짐을 비유적으로 이르는 말
고추는 작아도 맵다

지렁이도 밟으면 꿈틀한다
아무리 순하고 좋은 사람이라도 불이익을 당하면 가만있지 않는다는 말
굼벵이도 밟으면 꿈틀한다

찬물도 위아래가 있다
무엇에나 순서가 있으니, 그 차례를 따라 하여야 한다는 말

참새가 방앗간을 그저 지나랴
자기가 좋아하는 곳은 그대로 지나치지 못함을 비유적으로 이르는 말

천 리 길도 한 걸음부터
일의 시작이 중요하다는 말

친구는 옛 친구가 좋고 옷은 새 옷이 좋다
오래 사귄 친구일수록 정이 두텁고 깊어서 좋다는 말

칼도 날이 서야 쓴다
무엇이든 제 기능을 할 수 있어야 그 가치가 있음을 비유적으로 이르는 말

칼로 물 베기
다투었다가도 시간이 조금만 지나면 다시 사이가 좋아지는 경우를 비유적으로 이르는 말

콩 심은 데 콩 나고 팥 심은 데 팥 난다
모든 일은 근본에 따라 결과가 나타나는 것임을 비유적으로 이르는 말
가시나무에 가시가 난다

콩밭에 가서 두부 찾는다
몹시 성급하게 행동함을 비유적으로 이르는 말
콩밭에 간수 치겠다

터를 닦아야 집을 짓는다
기초를 잘 닦아야 그다음 일을 할 수 있음을 비유적으로 이르는 말

토끼 둘을 잡으려다가 하나도 못 잡는다
욕심을 부려 한꺼번에 여러 가지 일을 하려 하면 그 가운데 하나도 이루지 못한다는 말

평안 감사도 저 싫으면 그만이다
아무리 좋은 일이라도 억지로 시킬 수 없음을 비유적으로 이르는 말
돈피에 잣죽도 저 싫으면 그만이다

피는 물보다 진하다
혈육의 정이 깊음을 이르는 말

하나만 알고 둘은 모른다
머리가 총명하지 못하여 융통성이 없고 미련하다는 말
감출 줄은 모르고 훔칠 줄만 안다

호랑이는 죽어서 가죽을 남기고 사람은 죽어서 이름을 남긴다
후세에 명예를 떨치는 일이 인생에서 중요하다는 말

이 책에 나오는 속담과 성어

ㄱ

가갸 뒷 자도 모른다	128
가는 말이 고와야 오는 말이 곱다 ★교과서 수록	14
가는 정이 있어야 오는 정이 있다	14
가마 속의 콩도 삶아야 먹는다	52
개구리 올챙이 적 생각 못 한다	116
개똥밭에 이슬 내릴 때가 있다	70
거지가 밥술이나 뜨게 되면 거지 밥술 안 준다	116
고래 싸움에 새우 등 터진다 ★교과서 수록	78
고진감래	70
공든 탑도 개미구멍으로 무너진다	46
공든 탑이 무너지랴	46
구슬이 서 말이라도 꿰어야 보배 ★교과서 수록	52
굼벵이도 구르는 재주가 있다	84
깨어진 그릇 맞추기	152
꿩 먹고 알 먹는다	90

ㄴ

속담/성어	페이지
나무 잘 타는 잔나비 나무에서 떨어진다	102
낙숫물이 댓돌을 뚫는다 ★교과서 수록	178
남의 돈 천 냥이 내 돈 한 푼만 못하다	122
남의 손의 떡은 커 보인다	122
남의 짐이 가벼워 보인다	122
낫 놓고 기역 자도 모른다 ★교과서 수록	128
낮말은 새가 듣고 밤말은 쥐가 듣는다 ★교과서 수록	20
넘어지기 전에 지팡이 짚다	146

ㄷ

닭도 홰에서 떨어지는 날이 있다	102
도랑 치고 가재 잡는다	90
돌다리도 두들겨 보고 건너라 ★교과서 수록	26
동냥자루도 마주 벌려야 들어간다	166

등잔 밑이 어둡다	134
등하불명	134
떡 줄 사람은 꿈도 안 꾸는데 김칫국부터 마신다 ★교과서 수록	140

ㅁ

며느리 늙어 시어미 된다	116
미련한 송아지 백정을 모른다	108
미운 사람에게는 쫓아가 인사한다	160
미운 아이 떡 하나 더 준다	160

ㅂ

바늘구멍으로 하늘 보기	96
발 없는 말이 천 리 간다 ★교과서 수록	20, 32
백지장도 맞들면 낫다 ★교과서 수록	166
버릇 굳히기는 쉬워도 버릇 떼기는 힘들다	58
벼슬하기 전에 일산 준비	140
벽에도 귀가 있다	20
부뚜막의 소금도 집어넣어야 짜다	52
부모가 착해야 효자가 난다	38
비루먹은 강아지 대호를 건드린다	108

ㅅ

상탁하부정	38
새우 싸움에 고래 등 터진다	78
세 살 적 버릇이 여든까지 간다 ★교과서 수록	58
소 잃고 외양간 고친다 ★교과서 수록	146
소더러 한 말은 안 나도 처더러 한 말은 난다	32
실도랑 모여 대동강이 된다	178
심사숙고	26
십벌지목	64
쏘아 놓은 화살이요 엎지른 물이다	152
쏟아진 물	152

ㅇ

앞집 떡 치는 소리 듣고 김칫국부터 마신다	140
얕은 내도 깊게 건너라	26

191

어부지리 ★교과서 수록	78
언비천리	32
업은 아이 삼 년 찾는다	134
엑 하면 떡 한다	14
열 번 찍어 아니 넘어가는 나무 없다	64
열의 한술 밥이 한 그릇 푼푼하다	166
예쁜 자식 매로 키운다	160
오르지 못할 나무는 쳐다보지도 마라	64
우공이산	172
우렁이도 두렁 넘을 꾀가 있다	84
우물 안 개구리	96
우물을 파도 한 우물을 파라	172
우이독경	128
원숭이도 나무에서 떨어진다	102
윗물이 맑아야 아랫물이 맑다 ★교과서 수록	38
유비무환	146
일거양득	90

ㅈ

제 버릇 개 줄까?	58
정저지와	96
쥐구멍에도 볕 들 날 있다 ★교과서 수록	70
쥐도 한 구멍을 파야 수가 난다	172
지성이면 감천이다	46

ㅌ

타고난 재주 사람마다 하나씩은 있다	84
티끌 모아 태산 ★교과서 수록	178

ㅎ

하늘이 무너져도 솟아날 구멍이 있다 ★교과서 수록	184
하룻강아지 범 무서운 줄 모르다	108
호랑이에게 물려가도 정신만 차리면 산다	184